行動情報学

Behavior
Informatics

［編著］森田純哉・永吉実武・金 鎭赫

［著］
遠藤 正之
大島　純
大島 律子
大本 義正
梶原 千里
狩野 芳伸
後藤 謙太郎
莊司 慶行
白井 靖人
高橋　晃
西村 崇宏
福田 直樹
遊橋 裕泰
李　　皓

共立出版

はじめに

変化する時代のなかで目的を持つために

　現代において，多くの人々が，時代の変化の速さ，あるいは激しさを感じています．この時代のなかで，将来への不安を募らせることもあるでしょう．なかには，変化していく社会のなかで，「人生を安全安心なものとする特効薬」を求める人もいるかもしれません．しかし，今後，どのように変わるのか予測もつかないなかで，安定した人生を送るなど，誰にもできることではありません．本書は，そのような変化の時代のなかで，人生をスリリングでエキサイティングなものとする術，つまり変化に流されるのではなく，変化の中でも目的を持ち，主体的に生きていく方法を紹介するために執筆されました．

　その方法を説明する前に，そもそも，現代社会の変化がどのように起きているのか考えてみましょう．

　時代の変化を加速させる原因の一つが，情報技術の発展であることは疑う余地がありません．古来より，人類社会には，情報という形のないもやもやとしたものが，個人の頭の中や個人と個人の間，個人が集う社会の中に存在していました．第二次世界大戦の前後に，その流れが，何人かの天才たち[1]によって，機械の中に具体化されました．それから家庭にパソコンが普及し，インターネ

---

1)　アラン・チューリングやフォン・ノイマンなどの業績を意図しています．映画『イミテーションゲーム』などを視聴するとイメージが湧くでしょう．

ットが整備され，24時間どこからでもインターネットとつながる携帯端末が持ち歩かれるようになりました．さらに，2010年代に「ビッグデータ」や「人工知能」という言葉が社会全体に広まり，急速に私たちの社会を変化させています．

　専門家によれば，この変化の先，2045年には，「シンギュラリティ（技術的特異点）」と呼ばれる大きな転換が起きるとされます[2]．この言葉を提唱した学者によると，シンギュラリティは，ポストヒューマン（次の人類）の誕生の時点を指します．非常に大雑把にいえば，技術の進歩により旧来の人類は駆逐され，機械と融合した新たな人類が誕生するというのです．一昔前，機械によって人類が駆逐されるなどというと空想癖のある人のように思われたものです．しかし，最近，多くの人がこの兆しに気づきはじめているのではないでしょうか．

　前世紀の終わり，『マトリックス』という映画が一世を風靡しました．映画のなかで人類は人工知能によって構築された仮想世界（メタバース）を生きます．現実の肉体は培養液につかり，脊髄から挿入されたケーブルによって脳と電子的なネットワークが接続されます．機械によって作られる白昼夢に無自覚に囚われた人類の姿がおぞましいものとして描かれます．そのような映画の中の光景と，今の人類の姿，重なるところはないでしょうか．

　電車やバスに乗ると，老若男女を問わず，多くの人々が，スマートフォンを介し，周囲とは異なる遠い世界（あるいはファンタジーの世界）と繋がる光景を目にします．映画と現実の風景ではつながる手段は異なります．しかし，アルゴリズムに従うまま，無自覚に情報を消費する姿は，映画に登場する機械に支配される人間の姿とよく似ています．

　このように私たちの行動は，すでに巨大なネットワークのなかを流れる情報に強く影響を受けています．そもそも，情報とは，以前より，人間が人間を変化させる手段です．重要なことは，この変化が，物理的に引き起こされるのではなく，情報のもつ「意味」によって引き起こされるということです[3]．意味とは捉えどころのないものです．たとえば意味がどこにあるのかを考えると，それは，情報を送る人の頭のなか，情報を受け取った人の頭のなか，あるいは

---

2)　Kurzweil 2005.

3)　日本学術会議 情報学委員会 2016.

情報を送った人と受け取った人のあいだ，さらには二人をとりまく社会のなかにあると考えることもできます．

　ですから，情報に関わる技術を使いこなすためには，技術そのものに対する理解に加えて，人間個人や社会に対する理解も必要となります．高校のカリキュラムでは，一般に，前者は理系，後者は文系と括られます．しかし，技術（あるいはその背後にいる人々）に支配されるのではなく，新たな技術をつくる，あるいは技術を使いこなしながら，激動の社会の中で，目的をもった人生を歩むためには，文系と理系を区別しない総合的な知識が必要になります．

行動情報学とは

　本書の執筆者たちは，人間と情報に関する様々な分野のプロフェッショナルです．そして本書において，執筆者たちが一丸となって体系化しつつある「変化する時代の中で目的を持つための方法」すなわち「行動情報学」を示します．行動情報学の最大の特徴は，この変化の時代において，人間の行動に注目することにあります．

　現代社会において，人間の行動は，人間が意図して記録せずとも，自動的にサイバー空間にデータ化されます．インターネット上での行動の履歴，カメラに記録された表情や身体の動き，さらには心拍や脳波など外に現れない人間行動の背後に存在する客観的なデータも，簡単で安価な装置によって，電子的に記録されるようになりました．これらの自動的に記録される膨大なデータを，情報技術の力を用いて分析することで，人間と機械の関係を理解し，我々が望む方向へ行動を変化させていくことができます．

　ただし，行動情報学が目指す未来社会は，無批判なデータ処理のみによって創造されるものではありません．無自覚なまま機械に行動を支配されるのではなく，機械を自覚的に使っていくためには，人類が歴史のなかで積み上げた知と結びつけながら，世の中を理解していく必要があります．行動情報学は，最近のビッグデータが可能とした自動的な行動データの処理と，人間や情報に関する伝統的な知識を統合する学術分野として描き出すことができます[4]．より

　4）　2章にてこれらの関係はボトムアップとトップダウンの関係として説明されます．

具体的に言えば，本書では，行動情報学を以下の学問分野を統合するものとして捉えます[5]．

- 人間の行動をシステマティックに変容させる方法論（情報システム）
- 人間行動をデータ化し価値に変換する技術（データサイエンス）
- 人間行動に関するデータと情報を武器に，現実の組織や社会を変革する営み（マネジメント）

これらの分野は，それぞれ別の方向から人間行動と情報処理の関係にアプローチします．情報システムは知識に基づいて設定された目標から行動に向かうアプローチ，データサイエンスは現実の世界で生じている行動から始まるアプローチ，マネジメントは知識と現実のバランスをとりながら実際の社会に働きかける実践的アプローチということができます．

アプローチに加え，行動情報学は扱う人間行動の大きさの観点からも整理されます．人間の行動には様々な大きさのものがあります．息を吸うこと，歩くこと，食事をとること，人と話すこと，買い物をすること，友人と旅行にいく

図 0-1　個人・集団・社会としての行動

---

5) 著者らの所属する静岡大学情報学部行動情報学科における捉え方．分野として行動情報学を確立しようとする試みとしては Cao 2010, 武田 2016 を参照．

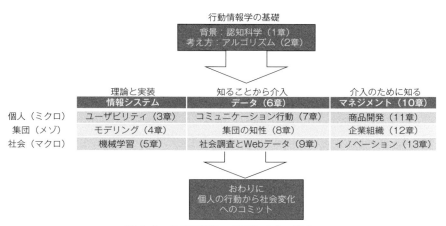

図 0-2　行動情報学の分野と本書の構成.

こと，引っ越しをすること，学校に入学すること，会社を作ること，法律を作ること．これらの行動は，より長く時間がかかるに従い，関わる人の数が増えます．ここでは関わる人の数に合わせて，行動の見方（視点）を以下のように分類して考えます．

- **個人としての行動**：
  個人が感じ，考えた結果として，その個人の手や足は動きます．そして，個人は自分の身体を動かすことで，食事や移動，勉強，買い物などを行い，個人の楽しみを追求し，生活を営みます．
- **共同で作業をする集団としての行動**：
  学校のなかでの話し合い，会社のなかでの会議や日々の業務など，個人が集まることで集団としての行動が生じます．集団は個人の行動によって作られます．しかし，ときとして集団は個人の意向によらず，それ自体が意思をもつかのように振る舞います．
- **社会のなかでの行動**：
  世界の人々は，どこかの国にあるいずこかの市町村で暮らしています．私達の行動は，そういった大きな社会で定められた法律や文化に影響を受けます．法律に反した，あるいはその社会で良くないとされる行動を，個人は簡単に行えません．このように，社会が個人の行動をつくる一方で，そういった法律や文化も，出発点は誰か個人の行動から生じています．

viii　　はじめに

　行動を捉える3つの視点は，先に上げた3つのアプローチのいずれにも適用できます．図0-2は，行動情報学のアプローチと視点に基づいて，本書の内容を整理したものです．本書では，この図に従って，行動情報学の基本分野，およびこれらの分野を融合することで織りなされる学理を示していきます．そのことにより，人間と情報に関心をもつ広い方々に向けて，行動情報学を知っていただき，ともに未来を作る一歩を踏み出していくことを希望しています．以下に，本書の構成を具体的に示します．

本書の構成

　本書は，この導入文「はじめに」と巻末「おわりに」を除き，13の章を含みます．これらの章は4部によって構成されます．

　第1部では，行動情報学の根底にある人間とコンピュータの接点となる考え方を示します．コンピュータとは一言でいえば「情報を扱う機械」です．さきほども述べましたが，古来より情報は人間によって扱われてきました．そのため，人間とコンピュータは情報を扱うという点が共通します．1章ではこの共通点をめぐる学問の歴史を示します．そして，2章では，人間およびコンピュータによる情報の扱い方（処理）を，アルゴリズムという考え方によって結びつけます．

　第2部以降は，図0-2に示した3つの分野に基づいて，行動情報学を扱っていきます．第2部では，2章で示したアルゴリズムの考えかたを基礎においたうえで，行動情報学における情報システムの開発の方法を紹介します．まずは，個人の視点から情報システムの利用に関わる行動を捉えるユーザビリティ（3章）．その後に，集団による情報システムの開発を捉えるモデリング（4章），さらに集団を超える巨大な行動データから情報システムを開発する機械学習の方法（5章）を示します．

　第3部では，行動データから始まるアプローチを示します．6章は，第3部の導入として，データサイエンスに関する考え方，および行動データを扱う際に生じる課題を示します．その後に，個人の行動データ（7章），集団の行動データ（8章），社会レベルの行動データ（9章）を扱う手法を示します．

　第4部でも，第3部と同様，分野の基本的な考え方をはじめに示します（10

章）．その後に，11 章にて個人の視点からの行動のマネジメント，12 章にてグループレベルでの行動のマネジメント，13 章にて社会レベルでの行動のマネジメントとしてイノベーションの事例を示します．

巻末の「おわりに」でこれらの章の内容をまとめ，行動情報学の観点から，変化し続けていく時代のなかで，主体的に目的をもって生きていくための方法を述べます．なお，いくつかの章の末尾には，本文の流れには直接組み込まれないものの，関連する事例やトピックを示すコラムを用意しています．これらを総合することで，行動情報学という広範な学問についての理解を広げ，皆様が生きる現実に結びつけていってもらえるものと考えます．

目次

はじめに ……………………………………………………………………………………… iii

　変化する時代のなかで目的を持つために　　iii

　行動情報学とは　　v

　本書の構成　　viii

第 1 部　人間と機械の情報処理

1　行動情報学へ至る歴史 ……………………………………………………… 2

　1.1　心理学のなかでの意識と行動　　2

　1.2　情報学のなかでの計算と知能　　4

　1.3　認知科学の誕生　　5

　1.4　認知科学における 2 つのモデル　　7

　1.5　認知科学が捉える組織，社会　　8

　1.6　まとめと展望　　10

　　　コラム 1　データとしての人間の記憶　　11

　　　コラム 2　認知バイアスと注意の仕組み　　12

2　行動情報のアルゴリズム ……………………………………………… 14

　2.1　問題解決のモデル　　14

　2.2　問題解決を管理するアルゴリズム　　15

　2.3　アルゴリズムとしての人間行動　　16

　2.4　アルゴリズムの具体例　　17

　2.5　人間行動のアルゴリズムと社会の成り立ち　　21

　2.6　まとめ　　22

　　　コラム 3　正直ものがバカを見ない社会は作れるのか？　　23

第2部　行動情報のシステム

3　人間の行動特性と調和する情報システム ·················· 26

3.1　人間の行動特性と使いやすさ（ユーザビリティ）　27

3.2　知覚の基準　27

3.3　記憶の基準　30

3.4　学習の基準　32

　　3.4.1　学習しやすさの基本原則　32

　　3.4.2　より複雑な状況での学習　34

3.5　最後の手段としての「標準化」　36

3.6　まとめ　38

　　コラム4　利用者の多様性とユーザビリティ　39

4　人間行動のモデリングに基づく情報システムの設計 ········ 41

4.1　情報システム開発におけるモデルの必要　41

4.2　情報システムと対象世界のモデリング　44

4.3　まとめ　47

5　人間行動から学ぶ情報システム ····················· 48

5.1　人間の行動と機械学習　49

5.2　ニューラルネットワークによる推論と学習　51

5.3　ニューラルネットワークの構造と深層学習　52

5.4　事前学習とファインチューニング　54

5.5　生成AIの仕組みと利用　55

5.6　生成AIによる情報システムの今後　57

5.7　まとめ　59

　　コラム5　生成AIの性能評価　59

第3部　行動情報学とデータサイエンス

6　行動情報学とデータサイエンス ····················· 62

6.1　人間行動の科学における挑戦　63

6.2　伝統的対処と行動情報学的対処　65

6.3　まとめと展望　68

コラム6　健康関連行動の計測と介入　69

7　人間行動とコミュニケーションのデータサイエンス ……… 71

7.1　データからの行動抽出　72
7.1.1　パターン抽出（教師なし学習）　73
7.1.2　分類・予測（教師あり学習）　74
7.1.3　データからの行動抽出における問題　76
7.2　行動抽出からの行動変容　77
7.2.1　ナッジ　77
7.2.2　エージェントインタラクション　79
7.3　まとめ　80
コラム7　話し合いによる意思決定　81

8　人間行動と集団のデータサイエンス ……………………… 82

8.1　社会的活動を通して作られる集団の知性　82
8.2　集団の知性を分析するアナリティクス　84
8.3　エスノグラフィーを用いた集団の知性の分析：定性的手法　85
8.4　社会ネットワーク分析を用いた集団の知性の分析：
定量的手法　87
8.5　まとめ　90

9　人間行動と社会のデータサイエンス ……………………… 92

9.1　伝統的手法に基づく大規模データサイエンス　92
9.1.1　国勢調査と人間行動　92
9.1.2　国勢調査の活かし方　94
9.1.3　予測やシミュレーションによる社会調査の補完　96
9.2　Webを対象としたデータサイエンス　98
9.2.1　ソーシャルメディアのデータサイエンス　98
9.2.2　Webサービスのデータサイエンス　100
9.3　まとめ　103
コラム8　あなたの人生のハンドルを握っているのは誰？
リコメンデーションの功罪　104

第4部　行動情報学とマネジメント

10　マネジメント視点で見る行動情報学 ················· 108

10.1　マネジメントとは何か　109

10.2　データ・情報・知識　111

10.3　データ・情報・知識とマネジメント　114

10.4　マネジメントと情報システム，データサイエンス　115

10.5　まとめと展望　117

11　行動情報学による商品開発 ························· 119

11.1　価値創造経営と新商品開発の必要性　120

11.1.1　価値創造経営とは　120

11.1.2　顧客から選ばれる商品の開発　121

11.2　人間の感性を考慮した商品開発の事例　121

11.2.1　感性品質とは　121

11.2.2　感性品質と商品開発マネジメント　123

11.2.3　商品開発マネジメントサイクルの適用事例　124

11.3　まとめ　128

12　行動情報学によるネットワーク組織のマネジメント ······ 129

12.1　コミュニケーションと組織構造　129

12.2　人間関係ネットワークの可視化　131

12.3　社会ネットワーク分析をマネジメントへ応用する際の課題
　　　132

12.4　ネットワークの構造からリンクの特質を捉える　133

12.5　情報機器を使った企業組織の社会ネットワーク可視化
　　　134

12.6　関係のよしあしと周辺への影響　135

12.7　マネジメントへの応用　136

12.8　まとめ　138

　　　コラム9　大規模災害発生時のSNSコミュニケーション　138

13 行動情報学から捉えるイノベーション ……………………………… 140

13.1 イノベーションの行動情報学的側面　140

13.2 他国と比較した日本のキャッシュレス化　141

13.3 プラットフォーム型ビジネスとしてのスマートフォン決済　145

13.4 プラットフォーム事業者の行動原理　147

13.5 店舗（加盟店）の行動原理　149

13.5.1 キャッシュレス決済導入のメリットとデメリット　149

13.5.2 スマートフォン決済導入のメリットとデメリット　151

13.6 利用者の行動原理　152

13.7 スマートフォン決済普及のその他の要因　153

13.8 まとめ　153

コラム 10　天然知能の観点からみた経営実践における
イノベーションの創出　154

おわりに …………………………………………………………………… 157

参考文献 ………………………………………………………………… 159

引用文献 ………………………………………………………………… 162

索引 ……………………………………………………………………… 165

第 **1** 部

人間と機械の情報処理

1

行動情報学へ至る歴史

「はじめに」で述べたように，行動情報学では「人間によって生み出される行動」と「情報を扱う機械（コンピュータ）」が扱われます．意外に感じる人もいるかもしれませんが，学術界においては，この2つは古くから関係づけられてきました[1]．図1-1は，2つの研究対象に対する学術の流れを示し，行動情報学を導入するものです．1章では，この図を参照しつつ，本書に関わる学問の歴史と考え方を簡単に紹介します．

1.1　心理学のなかでの意識と行動

自分の普段の生活のなかでの行動を振り返ってみてください．朝起きて，学校や会社に移動する．バスや電車のなかで，ソーシャルメディアのメッセージをチェックする．友人のメッセージに登場したアーティストをインターネットで調べる．目にとまった自動販売機で清涼飲料水を購入する．返却されたテストの点数を見て，勉強時間を増やす．これらの行動は何を原因として生み出されているのでしょうか．

この問いへの答えは人によって様々です．しかし，1つの直接的な原因として，その行動を行った人の「心のなかの働き＝心理」を考えることができます．そして，「心理」に関わる学問というと，多くの人の頭の中に「心理学」という言葉が思い浮かぶでしょう．人間の「心理」に関わる学問はとても古く，人

---

1)　本章全体を通した参考文献として，内村 2016 を参照．

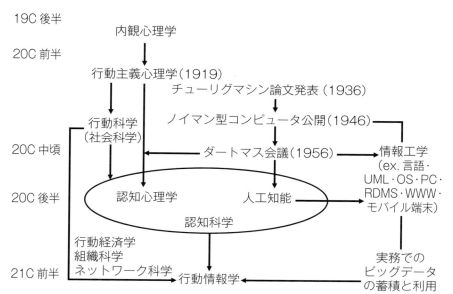

図 1-1 行動情報学に至る歴史．心理学と情報学を融合させた認知科学にビッグデータや行動科学に基づく社会科学の派生分野が融合．

類が文明を築いて以来，関連する知識が蓄積されています．こういった歴史のなかで，現在につながる心理学は，18世紀の後半にはじまるとされます．

そのころ，心理学者は，「心理」を本人が「意識」する頭の中の出来事と捉えていました．ここで読者の皆さんも，自分の頭の中で現在，何が起きているか，実況中継をしてみてください．するとたとえば，「いま自分が見ているものがあり，そこから昔の記憶が思い出され，そこからさらに関係している知識が思い出され…」，考えが浮かんでは消え，浮かんでは消えと，時とともに流れていきます．初期の心理学者たちは，このような意識の流れの法則を知ろうとしました．

ただ，この試みには根本的な難しさがありました．それは，人間の頭の中で起きていることは本人以外には（ときには本人にも）わからないという問題です．このような内部で行われていることが不透明な対象のことを，ブラックボックスと呼びます．学問とは，社会の中で皆が使える知識を蓄えていく共同作業です．人間の心理が，ブラックボックスであるのなら，その法則を社会のなかで知識として蓄えることなど不可能でしょう．

意識を扱うことの難しさから，20世紀の前半には，人間の「外」に現れる

4　1章　行動情報学へ至る歴史

もの，つまり「行動」を観察することで人間を理解しようとする心理学の一派が誕生しました．このような心理学は「行動主義心理学」と呼ばれます．行動主義心理学で捉える行動は，人間を含む生物が生み出す物理的に記録のできる出来事です．これは，なんらかの物理的な事柄（「刺激」）を受け取って，なんらかの物理的な動き（「反応」）を生み出すまでの流れ（「過程」）と言い換えられます．

　行動主義の立場の心理学者たちは，人間の行動（刺激と反応の組み合わせ）を科学的なデータとして記録し，データのパターン，つまり法則（たとえば，刺激を受けとった頻度や時間によって，その刺激を思い出せる確率がどう変化するかなど）を取り出すことを試みました．いったん行動の法則が得られると，その法則を他の人間にも適用することで，その行動を予測できるようになります．こういった法則を集団で探求し発表し合う心理学の分野が生まれたことで，私たち人類は，効率の良い学び，より人とわかり合うための方法，望ましい方向に行動を変化させる方法などを，共同で工夫できるようになったのです．

1.2　情報学のなかでの計算と知能

　20世紀に入ると，心理学のような人間に関する直接的な学問の進展と並行して，情報を扱う学問が誕生します．情報は古来より人間の社会のなかに存在していたものです．そのため，情報を扱う学問の起源を同定することは容易ではありません．しかし，現代につながる情報学を語る際に，アラン・チューリングの功績を外すことはできないでしょう．チューリングの最も重要な仕事は，チューリングマシンと呼ばれる仮想的な機械の仕組みを提案したことです．

　図1-2にチューリングマシンの概略が示されます．この図では，情報が書き込まれたテープの上を，情報を読み，書き換える装置（ヘッダ）が動作する仕組みが示されます．ヘッダがテープの情報を読み取ると，読み取られた情報に応じて，ヘッダがテープの情報を書き換える，あるいはテープの上を移動します．ヘッダが終了を示す情報を読み取るまで，この動きが繰り返されます．チューリングは，この単純な仕組みによって，あらゆるものごとを表現でき，計算できると主張しました．この機械は，現代ではコンピュータと呼ばれます．実際にいまのコンピュータもこのような仕組みで，演算装置がメモリの情報を

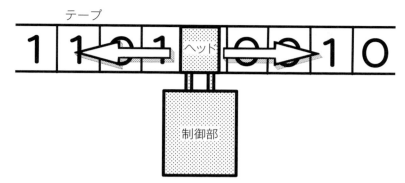

図 1-2 チューリングマシンの模式図．テープとヘッド，制御部の組み合わせにより，情報を処理する機械であるコンピュータが作られる．

読み取り，私達に画像を提示したり，音楽を提示したり，3次元の世界を示したりしています．

　さらに，チューリングは，人間の頭（脳）のなかで起きていることも，チューリングマシンと類似したものとして捉えられる可能性を述べます．こういったチューリングの考え方は，研究分野としての人工知能の誕生につながっていきます．人工知能という言葉，あるいはそれを扱う研究分野は意外なほど古い歴史を持っています．その起源は，1956年にアメリカのダートマス大学で開かれた会議（通称，ダートマス会議）とされます．この会議に集まった参加者が，チューリングマシンによって，人間の知能を模倣する可能性に同意し，そのような機械の実現を目指す研究分野を人工知能と名付けました．

1.3　認知科学の誕生

　ここまで，心理学と情報学のはじまりについて書いてきました．ここで，2つの関係を整理しておきます．心理学では当初，意識を扱おうとし，情報学では情報を読み，書き換える，すなわち処理する機械（コンピュータ）が扱われました．2つの分野の関係から，情報と意識の類似に気づきます．ともに，形のないもので，時間によって移り変わっていきます．この類似に注目すると，心理学で難しいとされた意識の移り変わりを情報学によって扱うことができることに気づきます．

1950年代から70年代に誕生した認知科学は，意識と情報の類似をもとに，心理学と情報学を統合しようとする分野です．人間から得られる行動データとコンピュータの中の「モデル」の両方を扱うことで，人間の頭の中で起きている情報の流れを表現することが試みられています．

モデルという言葉は，認知科学や行動情報学に限らず，現代のあらゆる学問において重要な言葉です．本書でも今後，モデルという言葉が繰り返し用いられます．ここで，本書におけるこの言葉の意味を暫定的に述べておきます．本書では，モデルを，現実のなにかを模倣するために人手で作られたモノ（人工物）と捉えます．この意味でのモデルは，日本語では模型という言葉に翻訳できます．レゴやプラモデルで作られた街や乗り物は多くの人にとってイメージのしやすいモデルです（図1-3）．

それでは，そのようなモデル（模型）はなんのために作られるのでしょうか．気軽に触ることが難しい対象を手にとって操作をするために作るのではないでしょうか．そして，手にとって一通り楽しんだあとは，モデルを作った人のなかに，その対象をより「よく理解したという実感」が残るはずです．さらに，具体的に操作できるモデルは，個人の頭の中の理解を，他人と共有するためにも有効です．そのため，集団で知識を作り，蓄積するという学術において，モデルは重要な役割を果たすことになります．

認知科学では，「人間の頭の中でおこる情報の流れ（情報処理）」を対象にモデルを作ります．コンピュータのなかに人間の頭（脳）のモデルを作り，そのモデルを実行することで人間のような行動をコンピュータによって生み出します．つまり，コンピュータによって，人間行動をシミュレーションします．そして，そのようなシミュレーションの結果と人間から得られた行動データを比

図1-3　レゴで作られた街のモデル（名古屋市レゴランドにて撮影）

べることで，モデルの良さを検討します．このような研究を通して，人間による情報処理を参考にした情報技術が開発され，情報技術による人間の理解が同時に進められます．

1.4　認知科学における2つのモデル

　モデルの作り方にも色々な方法があります．ここでは，その区別を，「トップダウン」と「ボトムアップ」という言葉を使って説明します．

　トップダウンなモデルの作り方は，モデルを作るときに，その対象について知っていること，あるいは考えていることから始めます．これら，モデルに先立ってモデルを作る人の頭の中にあることを，ひっくるめて暫定的に「知識」と呼ぶことにします．たとえば，人間が足し算を行うためには，「見た数字を覚えておく過程，数字についての知識を思い出す過程，思い出した知識を書き出す過程」が必要なものと考えられます．そして，これらの過程に関する知識をプログラムとして記述していくことで，人間が足し算を行う際の行動のモデルが作られます．すでにある知識によって天下り的に現実を理解することから，トップダウン（上から下がる）という言葉が用いられます．

　他方のボトムアップな方法は，現実の世界で得られた人間の行動データを出発点とします．コンピュータに人間の行動をデータとして入力すると，そのデータを加工するプログラムが走り，人間の行動を模倣するモデルができあがっていきます．断片的なデータを積み上げることにより，全体的なモデルが構築されることから，ボトムアップ（下から上がる）という言葉が使われます．また，この方法に基づくモデルの構築は，電子的なデータから知識が学習されるようにも見えるため，「機械学習」という言葉で表現されることも多々あります．

　トップダウンとボトムアップのアプローチは，認知科学に限らず，情報学の広い分野において用いられています．認知科学では，これらのアプローチを，人間による情報処理のモデルとして捉えます．図1-4は，物理的な世界と人間との間の情報のやり取りを示すもので，認知科学における最も基本的なモデルです．このモデルのなかで，人間の頭のなかには，過去に蓄えられた記憶と現在意識していることが含まれます．この図の上から下に流れる矢印（記憶→意

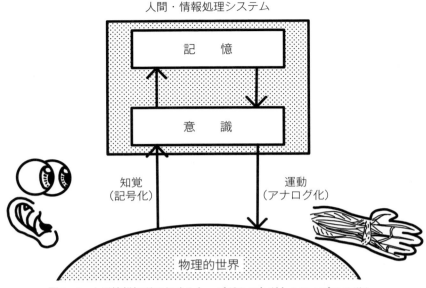

図 1-4 人間情報処理におけるトップダウンとボトムアップのモデル.

識→運動→世界：トップダウン）によって，記憶に蓄えられた知識（たとえばルール）から外の世界への働きかけがなされます．また，下から上に向かう矢印（世界→知覚→意識→記憶：ボトムアップ）によって，物理的な世界の知覚から意識や知識が作られます．

つまり，認知科学におけるモデルは，人間の行動の生起を，トップダウンとボトムアップの両方の情報の流れの組み合わせとして捉えます．さらに，こういった双方向の情報の流れは，人間だけでなく，コンピュータでも実現できると仮定します．このように，認知科学におけるモデルは人間を理解するためのものであるのと同時に，人間のような知的なコンピュータの設計図でもあるのです．コラム1には，認知科学におけるモデルと情報技術の関係について，より具体的なトピックを記載しました．

1.5 認知科学が捉える組織，社会

認知科学という分野は，1人の人間の頭のなかだけを検討の対象とするので

はなく，現実の組織のなかでの行動も扱います．ダートマス会議の参加者であり，認知科学の創始者の一人とされ，ノーベル賞とチューリング賞[2]の両方を受賞した Herbert Simon は，経済や組織行動に関する研究を多く残しています．そのなかの特に有名な考え方に「限定合理性」というものがあります[3]．

　この考えは，人間とはもともと合理的であろうとする姿勢を持つという仮定からスタートします．ここでいう合理性は，資本主義経済の原則と言い換えてよいものです．つまり，人間個人が，それぞれにとっての利益を最大化する行動を選択することで，モノや財がやり取りされる市場のバランスが保たれると考えます．

　しかし，真に合理的な行動を選択するためには，事前にその選択がもたらす利益を計算するためのあらゆる情報を知ったうえで，選択肢を比較する必要があります．情報処理能力に限界のある人間にとって，そのような完全な合理性に則した選択は不可能です．人間は目に写るすべてのことに注意を向けることはできませんし，注意を向けたことについても，そのすべてを覚えておくことができません（コラム 2 を参照）．

　認知科学では，限定された情報処理の産物として，「認知バイアス」なるものが人間に備わっていると考えます．バイアス(bias)は「偏り」という意味を表す英単語です．人間は，すべての可能性を考えることができないので，より利益が得られそうなところに目星をつけて情報を集め，処理します．こういったものの見方におけるバイアスは，一般社会のなかでは「偏見」と呼ばれることもあります．

　認知バイアスは個人が持つものです．しかし，同じような環境や文化で育った人には，ある程度共通する認知バイアスがあるということもわかっています．そして，多くの人に共通するバイアスを使うことで，他者への情報伝達をよりわかりやすいものにできますし，より他者の言葉の意味する対象に素早く注目することもできます．このような理由から，認知バイアスは，人間が生きていくために必要な認知の特性であると考えられています．そして，バイアスに関する知識を活かすことで私達の生活を便利にする道具が作られ，さらには企業の売上を伸ばすマーケティングにも活用されています．今後の章において，人

---

2) コンピュータ科学におけるノーベル賞とも言われる賞です．
3) Simon 1969.

間の行動特性であるバイアスを利用したシステム開発，コミュニケーション技法，商品開発の方法と事例を示していくことにします．

1.6 まとめと展望

　ここまでに書いてきたように，認知科学は，人間行動とコンピュータの関係を考える際に，「人間の人間による人間のための知識」を出発点とします．認知科学の歴史のなかで，ボトムアップ的な機械学習による人間の行動のモデルも数多く作られてきました．それらも，すでに知られている何らかの人間に関する知識（人間による学習の仕方に関する知識）が組み入れられること，あるいはそのモデルの出力と認知科学のなかで蓄えられてきた人間に関する知識の統合が目指されることから，本質的にはトップダウン的なアプローチに基づくといえます．しかし，最近の世の中の流れのなかで，このようなアプローチの限界も見え始めています．

　「はじめに」でも述べたように，現代社会において，人間の行動は，人間が意図して記録しなくても，自動的に記録されていきます．自動的に記録される膨大なデータを機械学習のアルゴリズムに入れることで，認知科学において考えられたモデルを知らずとも，人間の行動を予測できるようになります．

　ただし，現在においても，伝統的な認知科学を知ることは必要です．機械に無自覚に使われるのではなく，機械を自覚的に使っていくためには，蓄積された人類の知と結びつけながら，世の中の現象を理解していかねばなりません．著者らが考える行動情報学は，最近のビッグデータが可能にしたボトムアップ的な行動データの処理と伝統的な人間に関する知識によるトップダウン的な理解を融合するものです．本章を含む本書のはじめの部分（第1部，第2部）では，トップダウン的な方向での人間および機械の理解に関する分野を示し，その後にボトムアップ的な行動データの処理（第3部），さらには両者を融合する実践的アプローチ（第4部）を示していきます．

コラム 1　データとしての人間の記憶

　このコラムでは，人間の頭のなかで起きていることを理解するためのモデルの例を示します．図 1-5 は，昔の心理学者のコリンズとキリアンという人が提唱した意味ネットワークモデルというものです[4]．このモデルでは，人は知識を相互につながったネットワークの形で蓄えていると仮定します．そして，ひとつひとつの概念をネットワークの繋がりをたどりながら，思考を進めると考えます．

　このモデルの証拠に文の真偽判断課題があります．この課題では，「カナリアは鳥である」などの単純な文を与えられ，その文の真偽をできるだけはやく回答することが求められます．回答にかかった時間を計測したところ，モデルが仮定するようにリンクをたどる回数に即して回答にかかる時間が増加することが確かめられます．

　つまり，人間は知識をばらばらに覚えているのではなく，階層的に結びつけて脳内に格納しています．上記のモデルは心理学的には多くの批判もありましたが，情報技術の成立にも大きく影響をしています．人間のなかで知識がどのように格納されているのかを知ることは，機械のなかでデータを取り扱うのかという問いと直結しています．実際，4 章にて示されるデータモデリングの構造は，ここで示したネットワークモデルが基礎となっています．

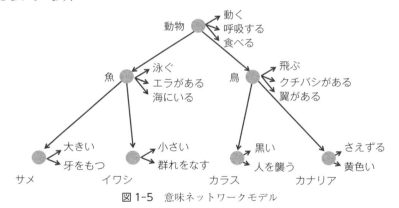

図 1-5　意味ネットワークモデル

---

4)　Collins 1969.

コラム2　認知バイアスと注意の仕組み

　認知バイアスは，人間と機械の情報処理を比較することで発見できます．人間が持つバイアとして，イリノイ大学の認知科学者であるダニエル・シモンズが作成した見えないゴリラの錯覚が人間のバイアスを示すよい例となります[5]．

　まず，本書を読み進める前に，ダニエル・シモンズのYoutubeチャンネル（https://www.youtube.com/@DanielSimons）にアクセスし，"selective attention test"と題された動画を見てください．

図1-6　見えないゴリラのイメージ図

　動画のはじめで，実験参加者は，黒い服をきたチームと白い服をきたチームがバスケットボールを行う動画を観察し，白いチームのパスをカウントすることが求められます．動画のさなか，両チームがバスケットボールのパス回しをしているなかで，黒いゴリラがゆっくりと画面に登場し，カメラに向かってパフォーマンスを行います（図1-6）．実験後，参加者に白いチームのなかでやり取りされたパスの回数を訪ねたところ，高い正答率が得られます．しかし，驚くべきことに多くの参加者は動画中に登場したゴリラに気づくことができませんでした．

　このような実験事例は，心理学の研究において数多く示されています．人間は外の世界の全てに対して注意を向けているわけではありません．それでは，どのような法則に従って，人間の注意ははたらくのでしょうか．この点について，人間の注意が向けられ

---

5)　Chabris & Simons 2010.

る対象は，視界に映る大きさなどの物理的な特徴だけでは決まらないようです．実験後にゴリラの存在を知らされたあとにビデオを見直した参加者は，皆が画面にはっきりと大きく映されるゴリラに驚くということですから．どうも，人間の注意は，その人の「目的（この状況では白いチームのパスをカウントする）」にとって重要な箇所にのみにスポットライトをあてる性質があるようです．

　機械のなかで，このようなスポットライトの仕組みはどのように実現できるのでしょうか．この点に関して，初期の機械学習のモデルでは，スポットライト的な注意の仕組みはあまり取り入れられていませんでした．この理由は，たとえば，自動運転に搭載するカメラに，客観的な外の世界の情報の取得（できるだけバイアスのない膨大な情報の読み取り）が求められることを考えれば解できるでしょう．その一方で，人間のような偏った注意の仕組みを機械による情報処理に取り入れる研究も近年では盛んに行われています．その代表は，5章で紹介するChatGPTなどの生成AIです．これら最新のAI技術では，外の世界の膨大な情報を焦点化するスポットライト的な注意の仕組みが取り入れられています．このことにより，生成AIは今までは人間にしかできないと思われていた様々な知的な作業を行うことができるようになっています．このようなAIに関する研究の動向を踏まえると，情報の取得における人間のバイアスも，人間が知性をもつために必要なものと考えられるのかもしれません．

第1部　人間と機械の情報処理

2
行動情報のアルゴリズム

　前章では，人間やコンピュータのモデルにはトップダウン的なものとボトムアップ的なものがあると述べました．本章では，人間による機械の管理を可能にするためのトップダウン的な考え方を深めていくことにします．

2.1　問題解決のモデル

　前章で述べたように，私達が使っているコンピュータはチューリングマシンとして捉えられます．「チューリングマシンは万物を表現できる」という主張に従うのであれば，人間が行っている様々な作業もコンピュータのなかで模倣できることになります．そして，人間の行動をコンピュータが模倣できるのであれば，人間が行っている日々の作業を人間のかわりに行わせる，つまり作業を自動化する機械を作ることができます．さらに，もしも人間がこのように行動したら世界がどのようになるのかということをシミュレーションすることもできるでしょう．その意味でも，人間やコンピュータの行動を「明確化」する方法を考えることが重要になってきます．

　本章では，人間が行う日々の作業を，「問題解決」という言葉と関連づけて捉えていきます．ここでいう問題とは，「目標とする状態と現在の状態が異なる」こと，つまり2つの状態にギャップがあることを指します．目標と現在の2つの状態のギャップを埋めることにより，問題が解決されたと考えます．こういった問題解決のなかで，行動が組み合わされていく様子をどのようにモデルとしてつくることができるでしょうか．

2.2　問題解決を管理するアルゴリズム

　問題解決のモデルと関連して,「アルゴリズム」という言葉があります．この言葉は,現代社会では多くの場面で使われますが,きちんと定義して用いられることはあまりないかもしれません．本書でいうアルゴリズムは,特定の問題を解決するための一連の手順や手法であって,基本的にはその問題を直接解決するよりは簡単な操作の組み合わせから構成されます（図2-1）．そのような簡単な操作の組み合わせで問題が解決できる仕組みがあるからこそ,そこで入力となる情報を受け取り,それを処理し,望ましい結果を得るための方法を「明確な手順」として示すことができるようになります．

　さきほどから何度か「明確」という言葉を用いています．アルゴリズムはトップダウン的（演繹的）に導くことができるという明確さと,その正しさを数学的にも証明できるという明確さをそなえるものと捉えることができます．明確なアルゴリズムを記述することで,コンピュータを間違いなく動かすための指令を作ることができます．さらに,プログラムをアルゴリズムの形で明確にしておくことで,そのアルゴリズムに従った場合の問題解決に必要な時間を見積もったり,他のアルゴリズムを使った場合と数学的に比較したりすることもできます．いわば,アルゴリズムは知識を持った人間がコンピュータを使いこなす（管理する）ための大きな武器となるものなのです．

　アルゴリズムの本質を理解するためには,アルゴリズムがあくまで人間に使われる道具であると認識することが重要です．人間にかわって自動的に問題を解決するアルゴリズムは,まるで人間のような知識や知恵を持つと考えたくなります．しかし,「アルゴリズム」自身は「意思」を持ちません．また,自身がどのような問題を解決しようとしているのかも「理解」していません．そう

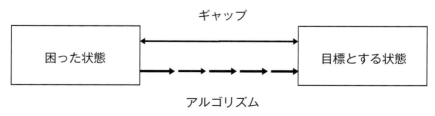

図 2-1　問題解決とアルゴリズムの関係．

いった意思や理解なしに，手順通りに実行すれば，そこで想定されるどおりのことが起きます．「情報を扱う機械」であるコンピュータにアルゴリズムを与えることで，コンピュータは，特定の問題を解決しようという意思がないのに，結果的にその問題が解決されてしまうのです．

アルゴリズムに意思がないからこそ，アルゴリズムを使う人による，きちんとした検証と意味の把握が重要になります．そうでなければ，それが使われた結果，人が望まない方法で問題が解決されたり，解決する必要がない問題が解決されたりするなど，困ったことが起こります．だからこそ，ただアルゴリズムを設計すればよい，そこにあるアルゴリズムを信じて使えば良い，ということにはならないのです．意味を理解せずにただ使うということでも「問題解決」はできますが，その問題解決を私たちが望む形になるように「管理」しようとしたら，それでは足りません．

2.3 アルゴリズムとしての人間行動

アルゴリズムの意味を人間の行動に当てはめながら理解してみましょう[1]．人間は，当たり前のように意識して何らかの問題を解決することができます．一方で，特に意識しない一連の行動が偶然，特定のアルゴリズムに一致し，そのアルゴリズムが想定した形で問題が解決されることもあります．あるいは，「言われた通りにやったらできた！」という経験が，みなさんにもありませんか？ これは，人からアルゴリズムを教えてもらい，そのアルゴリズムに従った結果，具体的な問題解決ができた，という状況を指しているといえます．

先ほども少し触れた通り，アルゴリズムを実際に「実行」するためには，そこで目標とする問題解決そのものよりはずっと簡単な操作を決められた手順で実行できれば十分です．こうして，アルゴリズムを他の人に伝えることで，その人がそれ以前に有していた問題解決能力以上のことを他人に依頼することができるようになります．でも，もしかしたらその人はそこで伝えられたアルゴリズムの意味や帰結を理解していないかもしれません．そうだとしたら，そのアルゴリズムによって私たちが望まない状況が作り出されてしまったとしても，

---

1) 同様の試みとして，Christian & Griffiths 2017.

その人は事前にそれを想像することも，そうなることを止めることもできないかもしれません．

　未来は人間がいろいろな行動をしていくことで作られていきます．アルゴリズムは，未来を人間が本来望む形に近づけるように「管理」をするための非常に強力な道具となります．ただ単に「コンピュータを上手に使いたい」というための知識でなく，私たちの未来をより望ましいものにしていくための知識と捉えてそれを学べば，きっとその知識を私たちの未来のために使うことができるでしょう．

2.4　アルゴリズムの具体例

　アルゴリズムという言葉にまつわる考え方を聞いているだけでは，アルゴリズムが具体的にどのようなものであるかというのが見えてこないのではないかと思います．一方で，先ほどの話に触れたみなさんには，アルゴリズムがコンピュータの中の世界だけの話ではないことに気づいているはずです．そこで，アルゴリズムを具体的に考えるための例を，私たちの日常生活の延長から示します．

　本がたくさん入っている書籍の中から一番ページ数の多い本を探すという問題を考えます．ここでは，話を簡単にするために，それぞれの本のページにはページ番号が振ってあって，本の最後のページをひらけば何ページある本なのかがわかる，と仮定します．みなさんなら，どうやって一番ページ数の多い本を書棚から探しますか？　書棚を一望できれば，一番分厚そうな本を見つけることができるかもしれません．でも，もしかしたらその書棚は１つの部屋の中に収まり切らずに複数の部屋に分かれてしまっているかもしれません．また，それぞれの本で紙の厚さが違っていて，一見薄そうに見える本がたくさんのページを持っているということもあるかもしれません．つまり，「一番ページ数の多い本を見つける」という問題解決そのものを直接行うための手段がない，という状況を想定してください．

　このような状況で，私たちにできることはどんなことでしょうか？　たとえば，

- 書棚から１冊の本を手に取ること

18　　2 章　行動情報のアルゴリズム

図 2-2　書棚の本を探す状況

- 手に取った本と手元に持っていた本でどちらのページ数が多いかを比較すること

といった簡単な操作なら，特に苦もなくできるのではないでしょうか．では，この 2 つの簡単な操作を組み合わせて，「一番ページ数の多い本を探す」という問題を解決してみましょう．

　まず，書棚の一番端に行って，その一番端にある本を手に取ります．これは，簡単にできます．この今手に取った本は，これまでに手に取った本のなかで一番ページ数の多い本です．これは当たり前のことです．なぜなら手に取った本はまだ 1 冊しかないのですから．次に，その本の隣にあるもう 1 冊の本を手に取ります．これも，簡単な操作です．そして，その 2 冊の本のページ数を比べます．これも，簡単です．そこで，2 冊の本のなかでページ数が多かったほうを手元に残して，もう片方を書棚に戻します．これで，この 2 冊のなかで一番ページ数の多い本が手元に残りました．

　この手順を，まだページ数を調べていない本に対して順に行っていきます．本を 1 冊手に取って，手元のものと比べてページ数の多かった方を手元に残して他方を書棚に戻す，ということをどんどん繰り返してきます．そうすると，

手元には「その時点で調べた本のなかで一番ページ数の多かったもの」が常に残ります．さて，これを書棚にあった全ての本に対して行った後に，手元に残った本はどのような本でしょうか？　それは，その書棚にあった本の中で一番ページ数の多かった本ではないでしょうか？　このように，書棚を一望することもできず外観で本のページ数を判断できないというような状況でも，2つの本のページ数を比較するという簡単な操作を手掛かりにして，一番ページ数の多い本を見つけることができます．これが，「アルゴリズム」というものです．

　こういった自動的に行われる「アルゴリズム」は，私たちが普段から行っている無意識な行動とよく似ています．あなたが，もし大学の先生であれば，ものすごく大きい書棚にたくさんの本を置いているかもしれません．ただ，ここでの議論では，そのような極端な例はひとまず置いておいて，持っている書棚はそれほど大きくなく，50冊くらいを収納しておくことができる，という状況を考えましょう．

　書棚における本の数が限られているので，新しく本を買ってきたら，その本と今書棚にある本のなかで一番おもしろくなかったものを図書館に寄付していくことにします．この，一番面白くなかった本を探すところには，さきほどのアルゴリズムと同様のことを行っていると考えます．2冊の本を比べて面白くなかった方を手元に残す，ということを繰り返していけば，最後に手元に残ったのが一番面白くなかった本になります．

　これを，本を買ってくるたびに行っていきましょう．私たちが人生の中で何冊の本を買うのはかわかりませんが，たとえば1000冊くらいと考えておきましょう．このうちの1冊1冊の本を買うたびに上のアルゴリズムを行い，最後に書棚に残った本は，その人が人生で面白いと思ったトップ50冊となります．もちろん，実際の人生ではどの本を面白いと思うのかは時間が経つにつれだんだん変わっていってしまうかもしれませんが，それはいったん考えないことにします．このようなことが手元の書棚で起きているということに，みなさんはどのくらい気づいていますか．そう，特に意識していなくても，明確化された簡単な行動の繰り返しという「アルゴリズム」から，そこで望まれた結果がでてきてしまうのです．

　また，もしかしたら，1000冊の本からもっとも面白いと思った50冊を探し出すために，上のような50冊入る書棚を使う方法以外の方法を考えた人もいるかもしれません．たとえば，1000冊が入る書棚を用意して，そこに「面白

いと思う順」に本を並べ直し，そこから先頭の 50 冊を取り出せば，同じように「最も面白かった 50 冊」を取り出すことができます．どちらの方法も，指示としては明確で，同じ結果が得られるはずです．では，どちらが大変なのでしょうか．これは，アルゴリズムという学問領域の知識を使うことで解析でき，50 冊の本棚を使う方法の方がずっと効率が良いことがわかっています．

　このように，特定の対象から「上位 k 件」を探すような問題を，「Top-k サーチ問題」と呼んだりします．さきほどの場合には，この k が 50 でした．このようなことは，私たちが Web で検索をするような時にも，よく起きているように思います．研究者のような職業であれば，Web サーチの結果を数千件くらいチェックすることもありますが，一般に生活しているときには，数件から数十件くらいを見れば十分です．このように，それぞれの場面に応じて，そこで必要とされる問題の解も違ったものになります．

　さて，ここで Top-k サーチ問題を取り上げたのには，もう 1 つ理由があります．それは，私たち人間の社会でいうところの「適材適所」をとてもわかりやすく示すからです．並べ替え（ソート）のアルゴリズムにはいろいろなものがありますが，その中で，「選択ソート」という，並べ替えそのものの性能はあまり高くないアルゴリズムがあります．この「選択ソート」を「先頭 k 件分だけ」行うと，さきほどの Top-k サーチの結果が得られます．このときの性能を，世の中で最も性能が良いと知られるソートアルゴリズムと比較すると，それらに負けないどころか大きく凌駕する性能を発揮することが，数学的な解析から明らかになります．一般的な場面では「最弱」かもしれないアルゴリズムが，条件が変わると「最強」になってしまう，そんなことが，アルゴリズムの世界では起きます．

　このようなことがあるので，「とりあえず最強と呼ばれているアルゴリズムを丸暗記してそのとおりにしておけばいい」ということにはならないのです．アルゴリズムそれぞれの特性をよく理解して，その特性がもっともしっかり発揮できる場面で活躍させる．これを人間に置き換えて考えると，なんだか勇気づけられませんか？　ある人が今の環境で活躍できないからといって，それがどんな環境でも活躍できないということは意味しません．その人が活躍できるような場を選んで整えるには，その人の特性をきちんと理解する必要があります．アルゴリズムについて考えることは，そういった私たちの人生の問題について語りかけてくれているようにも思えます．

2.5　人間行動のアルゴリズムと社会の成り立ち

　人間はかならずしも明確なアルゴリズムに従った問題解決をするわけではありませんが，明確な問題解決の手続きとして示されるアルゴリズムと対比することで人間の行動を理解することもできます．また，これまでに発明されてきたアルゴリズムを用いて日常生活を便利にすることもできます．コンピュータに実装されたアルゴリズムは人間には再現できないものもありますが，人間による作業の一部を代替することで，人間の問題解決を変化させていくことに繋がります．

　さらに，アルゴリズムによる人間の行動の変化は，1人の人間に限って起きるわけではありません．私たちの社会には多様な人たちが生活を営み，お互いに影響を及ぼしながら過ごしています．この視点に立つと，社会を動かす「アルゴリズム」について考えることができます．社会の動きの背景にあるアルゴリズムのような仕組みを，ここでは「メカニズム」と呼ぶことにします．「社会にあるメカニズム」は，何か問題を解決することを意図して作られたものではかならずしもありません．誰かが意図して作らなくても，社会で困った問題を引き起こす「メカニズム」が勝手にできあがってしまうことがあります．

　具体的な例を考えてみましょう．ある地域に牛を放牧してよい共有の牧草地があるとします．牛を放牧する個人としては，自身が飼う牛の頭数を増やしたほうがたくさんお金を稼げるので，合理的です．ただし，みんなが飼う牛の頭数を増やすと，共有の牧草地の牧草が減り，牛が育たなくなります．その場で放牧をしている誰ひとりとして稼ぎを減らしたいと思っているわけでもないのに，それぞれの判断による行動の結果，その意図と全く逆のことが起きてしまいます．これを「合成の誤謬」と呼ぶことがあります．ここで重要なことは，複数の人間のそれぞれの行動が組み合わさった結果として社会にメカニズムが出現すること，そこにはかならずしもそういうメカニズムを作ろうという「意図」が存在しないことの2点です．

　そう，私たちの社会では，意図せずに何らかの現象を引き起こす「アルゴリズム」のようなものが出現してしまうことがあります．そのため，「アルゴリズム」のなすがままにされるのではなく，「アルゴリズム」が引き起こす結果を理解し，対処していくことが求められます．

さて，その困ったアルゴリズムのような「社会にあるメカニズム」は，ただ勝手にできあがるものだけなのでしょうか？　実は，私たちが意図して，法制度などの社会のルール作り，何らかのメカニズムを作ることもできます．法制度などは，そこで実現したい社会がどうなってほしいのかという「目的（願い）」を達成する，あるいは「問題」を解決するために，トップダウン的に作られます．しかし，それが本当にその「目的」にあった社会のメカニズムを作り出すかは，その法制度などをふまえて活動する個人の行動の組み合わせに依存します．「この法制度はこういう目的で作られたのだから社会はそうなっていってくれるはず」といくら願っても，社会はかならずしもそのようにはなりません．そこで必要となるのは，人間の行動に関する知識（モデル）に基づく予測（シミュレーション），および予測を踏まえた制度設計です．そのような制度設計を行わないでいると，社会はどんどん意図しない方向に変質していってしまいます．だから私たちのうちのだれかは「行動情報学」をきちんと学んでおく必要があり，その中の1つに「アルゴリズム」のような専門知識が含まれるのです．その知識を学ぶことになるのは，これを読んでいるあなたかもしれません．

2.6　まとめ

本章では，人間およびコンピュータに共通する情報処理をアルゴリズムという言葉のもとで考察しました．問題解決に至る複雑な行動も，明確な手続きの連続として記述される場合があること，その手続きを有用なものとするためには，トップダウン的な目的の設定が必要であることを学びました．さらに，アルゴリズムは，個人の行動を記述するだけでなく，人が集まった社会のメカニズムを設計するために役立てられることを述べました．

続く章では，上記の考え方を基礎に行動情報学の各分野を紹介していきます．問題解決の手続きを明確化するアルゴリズムは，第2部の情報システムの開発の基礎となると同時に，第3部において示す行動データの分析手法を共有可能なものとするために役立ちます．さらには，社会のメカニズムを考えることは，第4部におけるマネジメントの考え方と接続します．

コラム 3　正直ものがバカを見ない社会は作れるのか？

　一人ひとりの個人がどうなれば幸せなのかは，人ごとに違ってもいいと思います．その上でできるだけ多くの個人が幸せになれる社会を作るためには，その社会の構成員である各個人にとっての幸せを知る必要があります．ただし，それぞれの個人に「あなたはどうなるのが幸せ？」と聞くことも，なかなか難しい問題があります．なぜなら，それを正直に話して他人に知られてしまうことが自身の幸せにとってマイナスになってしまうことがあるからです．

　ウソをつくことが得になるのなら，そこでウソをつこうとする人はどうしても出てきてしまうでしょう．そうして社会から集められた「意見」に多くのウソが混じれば，その「意見」にしたがって作られた社会制度もそこにいる人たちみんなを幸せにしないものになってしまうかもしれません．そこで，「ウソをついてもその人が絶対に得をしない」制度の設計を研究している人たちがいます．実は，インターネット上の広告の値段付けをする仕組みなどにも，この知見がすでに活かされています．この研究では理論的な限界も見つかっていて，かならずしも全ての場面でそんな社会が作れるわけではありませんが，少しでも正直に生きることで幸せになれる社会が実現できるといいなと思います．

第2部

行動情報のシステム

3 人間の行動特性と調和する情報システム

　前章では，問題解決のモデルとしてのアルゴリズムについて，それがどのようなものであり，どのように人間の行動と関わるのかを説明しました．本章を含む第2部は，より大きな単位である「情報システム」を扱います．情報システムは，アルゴリズムを部品として構築されます．アルゴリズムが問題解決のモデルであるのであれば，アルゴリズムを部品とする情報システムは，人間の問題解決を効率化するために人間が利用する道具といえます．

　ただし，情報システムを，上のように「人間に利用されるために作られた道具」と捉えることは，もしかしたら読者の皆さんの直感にあわないかもしれません．個々の人間にとって使いづらいシステムが世の中に溢れているからです．はじめて訪れた Web ページを調べるなかで，必要とする情報がなかなか見つからず，イライラした経験は，誰にでもあることでしょう．このような使いづらいシステムは，人間と機械の不調和を示しています．1章で述べましたが，人間の認知にはバイアスがあります．それに対して，情報システムは万物を表現できる自由度があります．そのため，システムの作りやすさや問題解決の効率のみを考えて情報システムを作ると，いつのまにか使う人の感覚とずれていってしまいます．

　それでは，このような人間と機械の不調和はどのように解消できるでしょうか．一つの方法は，これまでの章でも何度か述べたように，人間の行動に関する知識に基づいた設計を行うことです．以下では，人間の行動の仕組みを学ぶことで，どのようにして人間と機械の調和が導かれるのか，具体的に説明していきます．

3.1 人間の行動特性と使いやすさ（ユーザビリティ）

1章で述べたように，人間の行動を生み出す心理は情報処理過程として捉えられます．この観点から，1章では，人間の情報処理過程を，外の世界の「知覚」と過去の「記憶」の双方向から説明しました（図1-4）．また，1章では説明しませんでしたが，人間は「記憶」を蓄えることで，「学習」し，時間が経つにつれて行動を変化させます．本章では，人間の情報処理過程を，「知覚」「記憶」「学習」の3つの働き（機能）に分け，各々の機能に沿った設計基準を設けています．これらについて，順番に説明をしていきましょう．

3.2 知覚の基準

知覚は，人間が外界からデータを取り込む入り口です．しかし，この入り口は，データをありのままに取り込むものではありません．外界からのデータは，情報処理によって，加工あるいは変形されます．このことを，わかりやすく示す現象が，錯視（一般的に言う「目の錯覚」図3-1）です．

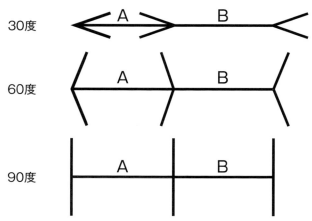

図3-1 ミューラリヤー錯視．AとBはすべて等しい長さであるが，矢羽根の角度が変わってくるとBの方がAよりも長く見える傾向にある．

3章 人間の行動特性と調和する情報システム

　脳内における情報処理の一つである「知覚」は，後に説明する他の処理に比べて，その実行時間がとても速い（ミリ秒単位）という特性をもちます．また，これを行うために意識的な処理を必要としません．知覚は，その人が意識をしないうちに行われ，その結果が自然に心の中に浮かんできます．そのため，知覚は"コスト"の小さい処理です．意識的な思考を経由しない「直感」と表現しても良いかもしれません．

　こうした「知覚」の特性を活かすことで，人間にとって使いやすい（ユーザビリティの高い）道具を設計できます．特に，知覚の特性を知ることは，道具とその利用者が接する部分（インタフェース）の設計において重要になります．

　ここでは，インタフェースの設計にとって重要な3種類の人間の知覚特性を示します．

　一つ目は「ゲシュタルトの法則」です．これは刺激の配置によってそれらに対する解釈が定まるというものです．図3-2に並ぶ記号は，その形や並び方により，それらの関係の自然さが異なって知覚されます．

　二つ目は「図と地の原理」です．人間の知覚には，背景と前景を区別する機能があります．たとえば図3-3の「押しボタン」は，押すべき対象部分が背景部分と明確に分離できていないと，どこを押せばよいのかがわかりません．

　三つ目は，アフォーダンスないしはシグニファイヤと呼ばれる原理です[1]．これは，外界が「誘う」原理とされます．1章で述べたように，生物の行動は，外界からの刺激によって生じますが，刺激の中にはそれを知覚するだけで対象の解釈ができて，そこからそれに対する働きかけが一意に誘導されるものがあります．たとえば，ドアにはいくつかの種類がありますが，ドアの開け方は，

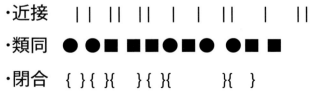

図3-2　ゲシュタルトの法則の例．「近接」は相対的に近くにある刺激がグループとして知覚される例，「類同」は同じ形の刺激がグループとして知覚される例，「閉合」は閉じる形をしている刺激がグループとして知覚される例を示している．

1)　Norman 2013.

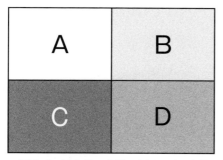
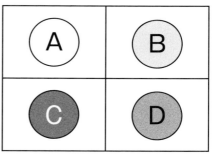

図 3-3 図と地の分離．左図は画面全体が A から D のボタンで覆われた図地分離されていない例，右図は A から D のボタンが明確に分けられた図地分離がされている例を示す．

図 3-4 ドアノブによる行為の誘導の図．片手でドアノブを回してドアを手前に引く（左上），くぼみに手をかけて横に動かす（右上），そのまま歩いて体で押す（右下），両手で手前に引く（左下），という行為が自然に誘導される例を示す．

そのドアの形状によって自然に誘導されることが多いです（図 3-4）．
　また，反対にこの原理が誤った行動を誘導することもあります．たとえば，ある程度の高さと広さのある平らな面には，つい何か物を置きたくなりますが，電子レンジの上の平らな部分に直接物を置くのは危険とされています（図 3-5）．

図 3-5　食器の置かれた電子レンジの天板．推奨されない行為が自然に行われた例を示す．

　これらの「知覚の原理」は，目の見える方であればほぼ全員に当てはまる原理です．そのため，最初に何かの仕組みを開発する際には，まずこの原理を優先することの妥当性は高いと言えます．なお，上記の例は，いずれも物理的な世界における道具を示していますが，コンピュータの中で動作する情報システムについても，同様の原理によって，インタフェースを設計することができます．

3.3　記憶の基準

　人間は過去の経験を蓄積し，必要に応じて心に呼び出すことができます．この「記憶」機能のおかげで，人間は刺激に対する行動を，毎回学びなおす必要がなくなっています．

　多くの記憶活動は意識的なものです．また，過去経験を思い出したり，そこから生じた内容の確からしさの判断を行うためには，知覚よりも少し多くの処理時間がかかります（秒単位）．このため，記憶機能には，知覚機能よりも少し多くのコストがかかると言えます．

　人間は過去の記憶を呼び出して「学び」を積み重ねていくことができます．しかし，世の中の様々な道具や仕組みは，時として，個々の利用者によるそうした積み重ねを崩す改定がなされることがあります．

3.3 記憶の基準　31

変更前の操作ではメッセージを送信する際に「右端」の紙飛行機アイコンを押していた

変更後の操作では「右から2番目」の紙飛行機アイコンを押す必要があったが、利用者の学習は「右端」のアイコンを押すものであったためメッセージを送ろうとしてゴミ箱に捨ててしまう事例が頻出した

図 3-6　ユーザインタフェースに変更があったコミュニケーションアプリの概要図

　たとえば，あるコミュニケーションのためのアプリケーションでは，相手に連絡をするためのボタンが画面の右下隅に位置付けられていました．ところが，そのアプリケーションがバージョンアップをした際に，その機能を持ったボタンの位置が変わりました（図3-6）．そして，従来そのボタンがあった場所には，連絡を取り消す機能をもつゴミ箱が配置されてしまいました．このアプリケーションに慣れていた利用者は，しばらくの間，連絡を取ろうとしてそれをゴミ箱に入れてしまうことを頻繁に行ってしまったそうです．

　この例に限らず，こうした改定は情報システムの世界においては頻繁に行われます．その背後には，様々な開発者側の都合があると考えられます．機能が増えることで，ボタンを配置するスペースが逼迫したのかもしれませんし，新しいユーザインタフェースが，テストの際により高く評価されたのかもしれません．しかし，そのシステムを用いてきた多くの利用者の経験に反する改定を行うことは，その利用者に対して多大な負担を強いるものとなります．残念ながら，現在の多くの企業の「ユーザビリティ基準」には，利用者の過去経験を考慮する項目は含まれていません．もし，その項目が含まれるのであれば，それまでのシステムに慣れ親しんできた利用者のイライラを軽減することができ，

32 3章　人間の行動特性と調和する情報システム

不要な顧客離れをさけることもできるかもしれません.

　この「記憶の原理」は，その対象に対して過去に利用経験がある人にのみ適用できます. また，全ての人が同様の経験を有しているともかぎりません. そのため，優先順位としては知覚の次に位置付けるのが妥当と考えられます.

3.4　学習の基準

3.4.1　学習しやすさの基本原則

　利用者の直感（知覚）や過去経験（記憶）を活用し，自然に新しい仕組みを使えるようになり，目的を達成することができることは理想的です.

　しかし，対象によっては，有効な知覚の基準が適用できず，また類似した過去経験も存在しないことがあります. この場合には，対象を新しく学ぶ必要が出てきます.

　こうした場面においては「人間にとって学習がしやすい状況・環境」を設計する必要があります. 学習には多くの時間と労力が必要です. すなわち，学習には多くの"コスト"がかかります. 一方で，我々が有する様々な資源（時間・精神的労力・資金など）は有限です. この点から，人間にとっての"学習しやすさの原則"を考慮する必要が生じます.

　この"学習しやすさの原則"には「適切な可視化」「適切なマッピング」「適切なフィードバック」の3つの基本的な原則があります.

　一つ目の「適切な可視化（知覚可能化）」は，学習する対象を目に見えたり，耳に聞こえたり，といった「知覚」が可能な状態にすることです. これがなされない場合には，人間は何を学習すべきなのかがわからず，学習を進めることができません. たとえば，図3-7のように触る場所が見えないタンスや電子レンジは，初めて使おうとする際にはとても困ります.

　ただし，システムにより可視化される刺激が人間の処理できる量を超えてしまうと，別の問題が生じます. それは複雑さの問題です. あまりに複雑な仕組みを，人間は一度に理解することができません. そのため，仕組みのすべてを可視化するのではなく，利用者の学習に必要な部分だけを可視化し，複雑さを抑える必要があります. たとえば，皆さんが通った（通っている）学校にある体育館には，様々な色で線が引いてあるかもしれません（図3-8）. これは，

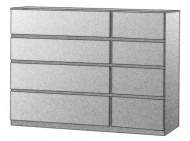

図 3-7 可視性の低い道具の事例．左は開くために手をかける場所の見えないタンス，右はドアをかけるための取っ手が見えない電子レンジを示す．

一つの体育館でいろいろなスポーツが行えるようにするために描かれたラインです．しかし視覚的には複雑であり，全てのスポーツを行うわけではない個人にとって，不要な学習コストを強いるものとなります．

　二つ目の「適切なマッピング」は，何かを操作する際に，機能とその操作対象との間に1対1の対応を設け，その対応関係を理解しやすい構造にしておくことです．たとえば，コンピュータのキーボード上には様々な記号が書かれています（図3-9）．これは，ある特殊キーを押すと入る「モード」に応じて入力される記号が変わるものです．しかし，これは1対1の対応とは言えず，またどのモードでどの記号が入力されるのかが明確にはなっていないため，混乱することが多いものとなります．

　三つ目の「適切なフィードバック」とは，なにかを操作した際に，その結果が適切な時間内に適切な形で与えられることです．

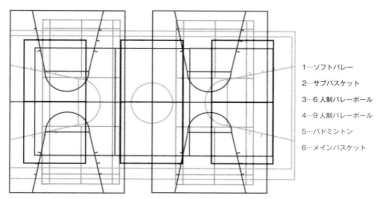

図 3-8 視覚的に複雑な体育館の線．https://dailyportalz.jp/kiji/taiikukan_line

34　3章　人間の行動特性と調和する情報システム

図 3-9　日本語キーボードのキートップ.

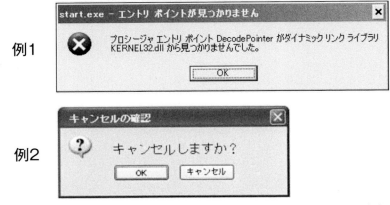

図 3-10　コンピュータのエラーメッセージの例．例1は一般的なユーザには意味が伝わらないエラーメッセージの例，例2は意味的に矛盾しているメッセージの例．

　たとえば，操作をしてからの反応が遅い機器は，その使い方を効率よく学習することができません．反応が遅いタッチパネルなどでは，何回も画面を押してしまい，意図せずにおかしな操作をしてしまうことがあります．一般にフィードバックは操作から2秒以内に提供されることが適切と考えられています．

　また，時間内にフィードバックが与えられていても，その意味するところが伝わらなければ，やはり学習は成立しません．たとえば，コンピュータを利用していてよく見る「エラーメッセージ」の多くは，利用者にとっては意味するところが不明です（図3-10）．これは利用者にとって良いフィードバックとは言えません．

3.4.2　より複雑な状況での学習

　ここまで人間にとっての学習しやすさとして3つの原則を述べてきました．

ただし、これらの原則を守るだけでは、現実の複雑な環境における人間の学習のしやすさを向上させることができません。特に考慮しなければならないのは、ある対象について、最初に学習した内容の記憶と次に新しく学習した内容が異なるときに生じる「干渉」です。「干渉」とは、複数回の学習と記憶が相互に影響を及ぼし、互いに妨害をする関係になることです。

たとえば、2種類の水道の蛇口を考えてみましょう。2020年代の日本には、押し下げると水が止まる蛇口（下げ止め）と、押し上げると水が止まる蛇口（上げ止め）の2種類が併存しています（図3-11）[2]。これが同じ家の中にあると、利用者はどうなるでしょうか。

こうした状況は図3-12のように関係づけられます。これは、Osgoodという心理学者の提案した「転移逆行曲面」を、ユーザビリティの観点から再構成したものです[3]。

この図の奥行方向の軸は「2回の学習における操作の類似度（同一操作↔無関係操作）」を、また横軸は「2回の学習における操作の結果の類似度（同一結果↔反対結果）」を示しています。縦軸は「再学習の容易さ」を示し、これが高いほど学習が容易なことを示しています。この図を見ると、2回の学習の操作の類似度が高く、またそこから生じる結果が類似するほど、学習は容易であることが示されます（手前左の同一操作、同一結果を参照）。一方、2回の操作が同一であっても、生じる結果が反対の場合には、その学習は困難になり

著者の部屋の蛇口
（1995年のオリジナル）

隣の部屋の蛇口
（2010年に修理）

図 3-11　同じ建物にある2種類の蛇口．同じ目的（水を出す）に対して正反対の行動を行う必要がある例を示す．

---

2)　日本においては2000年以降の蛇口は「下げ止め」規格に統一されましたが、それ以前の「上げ止め」の蛇口が残っているところも多く、一つの建物の中に混在していることもあります。

3)　Osgood 1949.

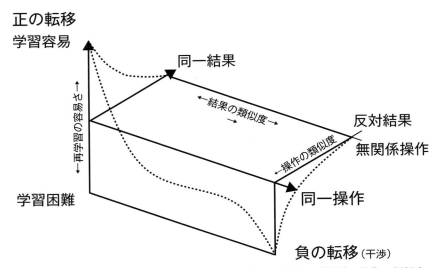

図 3-12 ユーザビリティと学習の関連図. 再学習の容易さ（縦軸），操作の類似度（奥行軸），操作結果の類似度（横軸）の関係を示す．手前左にて再学習の促進をあらわす正の転移が生じ，手前右にて再学習の干渉あらわす負の転移が生じる.

ます（手前右の同一操作，反対結果を参照）．

　下げると水が出る蛇口と上げると水が出る蛇口の両方が存在する場合では，同じ下げるという操作が，片方の蛇口では水を出す結果に繋がり，もう片方の蛇口では水を止める結果に繋がります．その結果，2つの操作は，相互に干渉し，学習を困難にすることが示されます．

3.5　最後の手段としての「標準化」

　これまで「知覚」「記憶」「学習」の3つの開発基準を示してきました．それでは，それらの開発基準を適用しても，十分に使いやすいユーザインタフェースが得られない場合はどのようにしたらよいのでしょうか．

　この場合には，「標準化（規格化とも呼ぶ）」を行う必要があります．標準化とは，ある業界や国，ないしは世界全体で，ある対象についての「一定の枠組み」を作ることを指します．標準化のメリットは学習コストを低減できることです．標準化が行われないと，一つの同じ機能・目的のもとに作られたシステ

ムに対し，それらの使い方を利用者は別々に学習しなければならなくなり，コストが大きくなります．さらに，前述したように，学習には干渉も発生するため，標準化が存在しない状況では，新たな方法の学習が成立しにくい状況が発生します．

ただし，一般に「標準化」にはとても長い時間と，コストがかかります．特に，国際規格を成立させるためには，数多くの人が関与した上で年単位での調整が必要になります．また，一度規格が成立してしまうと，それを変更することは事実上不可能になります．このことを表す例が「キーボード」の標準化です．コンピュータで文字を入力する際に利用するキーボードの標準は，「QWERTY配列」と呼ばれるものです．これは，キーボード左上のキーの文字配列からそう呼ばれています．「QWERTY配列」は，かつての「機械式タイプライター」の時代に，その時代の機械の仕組みを制約として標準化されたものです．そのため，学習のしやすさや入力効率は必ずしも良くはありません．実際，より効率の良いキーボード配列（Dovorak配列など（図3-13））も考えられています．ただし，それが「QWERTY配列」に取って代わることはありませんでした．その理由は，ほとんどの利用者にとって，最初に学習するキーボードが標準化された「QWERTY配列」であるためです．一度ある標準での動作を学習してしまうと，新しい配列のキーボードを再学習するコストは非常に大きいものとなります．

このような例から，標準化は最初の設定が大切だということがわかります．また，標準化にかかる事前の調整コストは，非常に大きなものであり，気軽に行えるものではありません．とはいえ，こうした標準化をしない場合には，様々な規格が乱立し，全世界の利用者が混乱してしまいます．このように，人

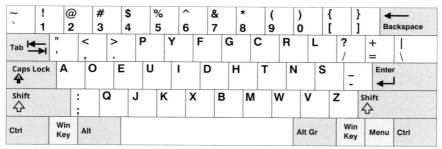

図3-13　Dvorak配列キーボード．学習効率がよいものの普及していない道具の例．

間と機械を調和させていく試みには本質的なジレンマ（葛藤）があります.

3.6 まとめ

　これまで説明してきたように，人間の行動特性と調和した新しい情報システムを作るためには，「知覚」「記憶」「学習」「標準化」の基準を"この順番"で考慮する必要があります．「知覚」はミリ秒単位で処理され，また意識に上らない自動的なプロセスです．したがって，対象を知覚しながら利用する場合には，記憶よりも優先されます．また，「記憶」は"すでに成立した学習の結果"として心の内部に存在していますので，労力が必要となる新しい学習よりも優先されます．また「標準化」は，そこにかかるコストの膨大さから，最後の手段にするべきでしょう.

　身の回りにある「使いにくさを感じさせるもの」は，これらの基準に反する状況が複合的に関与していることも多いです．特に，情報システムは万能で自由度が大きいため，人間のもつ行動特性との差異が際立ちます．キーボードのマッピングが悪い，フィードバック情報としてのエラーメッセージの意味がわかりにくい，状況によってはフィードバックが遅い，複数の標準化が並存している（WindowsOS・MacOS・UNIX OS など），など4つの基準すべてに対する不適合が頻繁に生じます.

　また一方で，皆さんの周りにある「使いやすいもの」を思い出してみてください．「使いやすいもの」はなかなか思い出せないかもしれません．なぜかと言えば，使いやすいことは「当たり前」であり，スムーズに使えることから，使いやすさ自体が意識に上らないためです．しかし，身の回りの「使いやすいもの・しくみ」は，様々な創意工夫の結果として作られています．「当たり前のように使えるもの」は決して「当たり前」につくられているわけではないのです．そして，そのような「当たり前」を作る知識を体系化するために，人間の行動特性と情報システムに関する知識を調和させる行動情報学が求められています.

── コラム 4　利用者の多様性とユーザビリティ ──

　3 章では，人間の行動特性と調和した情報システムをつくるうえで重要となる「知覚」や「記憶」といった人間の特性をみてきました．多くの利用者に共通する普遍的な特性を明らかにしていくことは，情報システムの使いやすさを向上させたり，インタフェース設計のコストを削減させたりするうえで非常に有用です．しかし，情報システムを使う側である私たち人間は，年齢や性別，障害の有無，言語，嗜好，価値観，文化的背景といった非常に多くの側面をもち，一人として同じ人間はいません（図 3-14）．

図 3-14　情報システムの利用者がもつ多様性（ダイバーシティ）

　たとえば，人間は外界からの情報の大部分を視覚から取得するといわれています．3 章で紹介した知覚特性も，そのほとんどが視覚からの情報に基づいたものでした．そのため，視覚に障がいのある方が同じ情報システムを使おうとした場合，晴眼の利用者を想定して設計したデザインのままでは，操作に対するフィードバックを適切に得られなかったり，そもそも操作をはじめるためのボタンにアクセスできなかったりすることも考えられます．このことは，図 3-7 に「可視性の低い道具の事例」として示した，開くために手をかける場所の見えないタンスを見ても実感していただけるのではないでしょうか．

　不特定多数の利用者が想定されるインタフェースを設計する場合には，人間の多様性（ダイバーシティ）を包括するインクルーシブなデザインを考えることが重要になってきます．たとえば，視覚障がいのある方がスマートフォンでニュースの記事を読もうとする場合，テキストで書かれた情報を音声で聞いて内容を理解したいと思うかもしれません．そのため，記事の内容がわかる適切なタイトルを付けてそのページに何が書かれているのかをわかるようにしたり，画像で表示されるコンテンツに代替テキストを設定

40   3章　人間の行動特性と調和する情報システム

して画像が示す視覚的な情報を音声でも得られるようにしたりすることが大切になります．このように，あらゆる利用者が適切に情報システムを利用できるようにすることをアクセシビリティと言います．

　現代社会では，スマートフォンなどを使ってインターネットにアクセスし，主体的に情報を入手できるか否かによって，得られる情報量や利用できるサービス，それによって受けられる恩恵が大きく変わってきてしまいます．こうした情報格差を解消し，あらゆる人々がデジタル化の恩恵を受けられるデジタル・インクルージョンを実現するためにも，複雑な現実をふまえた人間行動の理解，すなわち行動情報学が必要になります．7章と11章では，この視点から利用者個人の行動特性を抽出するデータ分析や多様性に配慮した商品開発の具体的手法を紹介します．

4
人間行動のモデリングに基づく情報システムの設計

前章では人間と調和する情報システムを構築するために，ユーザインタフェースを創意工夫する必要があると述べました．しかし，人間の特性を理解するだけで，人間が求める情報システムは構築できません．前章でみたように，人間のもつ複数の行動特性の間には相互に，本質的な葛藤があります．また，これらの特性は，バイアスとして働き，利用者を望ましくない方向に向かわせることがあります．ここで，「望ましさ」は，組織や個人が持つ達成すべき目標との関係から判断できます．目標の達成，すなわち問題解決に貢献するシステムを作るためには，組織や個人が扱う情報の流れをトップダウン的に管理していく必要があります．すなわち，情報システムの設計に関する方法が必要になります．本章では，その方法をモデリングという言葉によって，記述していきます．

4.1 情報システム開発におけるモデルの必要

何かを設計するときには，その対象となるものがあります．たとえば，自動車や飛行機，建物などを対象として考えてみましょう．

自動車1台は，2万〜3万個の部品から構成されています．飛行機だとその100倍といわれています．それだけの数の部品が連携しながら動作して道を走ったり，空を飛んだりするということから，どちらも全体としてとても複雑な機構であることが想像されます．

それだけ複雑なものを作るには，どうすればいいでしょう．

42 4章 人間行動のモデリングに基づく情報システムの設計

　飛行機の部品数が自動車の 100 倍になるのなら，飛行機の設計には自動車の設計者より 100 倍優秀な人を当てればいい，と思うかもしれません．しかし，自動車の設計者もとても優秀な技術者ですから，その 100 倍優秀な人なんておそらく見つからないでしょう．では，人数を 100 倍にしたらどうでしょう．「船頭多くして船山に上る」の例えどおり，そんなことをしたらかえって面倒なことになってしまうでしょう．

　では，飛行機に匹敵するくらいに複雑な情報システムを設計するには，どうすれば良いのでしょうか．これは，複雑さとの戦いにほかなりません．前章で述べたように複雑さは，学習コストを増加させ，克服をしなければならないものです．

　複雑さとの戦いにおいて，人類は「抽象化」という手法を編み出してきました．抽象化というのは，対象となる物事の本質的で重要な部分だけに注目する（そして，その他の部分には目をつぶる）ということです．

　抽象化というと難しそうですが，みなさんも小学生の頃，あるいはそれ以前からやっていたことです．次の二つの問題を考えてみましょう．

・3 個あるみかんのうち 1 個を食べました．残りは何個でしょう．
・3 個あるりんごのうち 1 個を友達にあげました．残りは何個でしょう．

「3 − 1 = 2 だから，どちらも 2 個．」と考えた人が多いのではないでしょうか．そう考えた人，あなたが瞬時のうちに頭の中でやったことこそが抽象化です！

　この式にたどり着くには，「みかん」と「りんご」の違いに目をつぶり，さらに「食べる」と「友だちにあげる」の違いにも目をつぶった上で，この問題を「3 から 1 を引く」という自然数の演算にまで絞り込んでいく必要があります．これこそ，先ほど触れた抽象化にほかなりません．

　情報システムの設計を行うときに忘れてはならないことが，もう一つあります．それは，情報システムには複数の異なる立場の人が関わっていて，それぞれの立場についてもそこに立つ人が複数いるということです．

　たとえば，タワーマンションのような高層住宅を考えてみましょう．ある土地に高層住宅を建てることを計画するデベロッパー，建築の費用を負担する施主，設計者，実際に工事を行う建築会社，完成した住宅の購入者，入居してそこに住む入居者．これだけでも六つの立場があります．デベロッパーと施主，あるいは購入者と入居者は同じ団体や個人だったりすることもありますが，それでもまだ四つあります．情報システムでも，全く同様です．

4.1 情報システム開発におけるモデルの必要 *43*

　どんなに仲のいい家族や恋人同士であっても，楽しそうに会話していたのに実は全く違うことを思い描いていたということがあります．情報システムの設計者が設計対象について話し合うときでも，よほどの注意を払っていないと，皆が全く同じことを考えているという状態にはなりません．そのような認識のズレに気付かずに作業を進めてしまい，ずっと先まで進んだところでそれが表出することがあります．そうすると，ズレが紛れ込んだ段階まで後戻りして，そこからやり直す必要があります．ズレの明らかになるのが実際にその情報システムを使い始めてからとなると，事態は深刻です．下手をすれば，社会的な事件や，重大な事故に繋がり，人の命さえ脅かしかねません．実際，そのような例がいくつも起きています．

　認識のズレを防ぐために，関係者間での高度な合意形成を可能にする共通の「言葉」を導入します．この「言語」では，それぞれの用語の意味を厳密に定義し，記述された内容の解釈に曖昧さが残る（同一の記述について複数の解釈が可能である）ことのないようにします．こうすることは，関係者間での合意形成に役立つだけでなく，誤りの混入に早い段階で気付くことにも役立ちます．

　ここまで述べてきたように，情報システムを設計するには，

　　複雑さに対処するための抽象化の考え方を活用し，

　　関係者間での合意形成を促す共通の言語を導入する

ことが必要ということになります．この二つの役割を果たしてくれるのが，本書にて繰り返し触れられるモデルと呼ばれるものです．

　1章でも述べたようにモデルは現実の対象を模した人工物です．情報システムの設計の文脈では，開発をしようとする対象を記述する言語として用いられます．モデルを言語と捉えれば，モデルは，そこで使うことができる記号や文字と，それらをどのように組み合わせることが許されるかを規定した文法とから構成されることになります．そして，その記号や文字，文法がしっかりと定義されているのであれば，その言語に従って記述されたものは，誰が見ても一通りにしか解釈ができないようになります．

　抽象化に関しては，どの側面に注目するかの判断が必要になり，これは設計者の仕事となります．モデルは，設計者が抽象化した結果を，余すところなく，余分なものも付け足さずに，さらには曖昧さなく記述することを可能にします．

　モデルは，日本語や英語と同じ言語です．しかし，その表記法は，句読点などの記号を含む文字を一列に並べるものとは限りません．紙面では文字が二次

第2部　行動情報のシステム

元に広がっているように見えますが，これは幅が入り切らないから折り返しているだけです．情報システムのためのモデルでは，様々な記号やそれをつなぐ線を使って図式として記述するものが多く，「○○図」と呼ばれます．

モデルを使って対象を記述する作業をモデリングといいます．また，モデリングするための言語という側面に注目し，モデルのことをモデリング言語と呼ぶこともあります．モデリングの成果物である対象の記述も，モデルと呼ばれます．よく設計図と呼ばれるものは，こちらの意味でのモデルに相当します．

情報システムを設計するためのモデルとしては，これまでに様々なものが開発されてきています．会社によっては独自の設計手法を考案し，それに適したモデルを開発していることもあります．そうした中で，これまでのノウハウの蓄積を活かし，多くの企業や団体が採用しているモデルとして UML（Unified Modelling Language）があります．UML は図式を使って記述する 21 の言語の集合体であり，それぞれはユースケース図，オブジェクト図などと呼ばれています．

4.2 情報システムと対象世界のモデリング

本書中でもすでに「情報システム」という言葉を何回か使ってきましたし，みなさんも普段の生活の中で使うことがあるのではないでしょうか．では，「情報システム」とはどんなものなのでしょうか？

『情報システム学へのいざない』（培風館）という本では，情報システムを次のように定義しています[1]．

> 情報システムとは，組織体（または社会）の活動に必要な情報の収集・処理・伝達・利用に関わる仕組みである．

ここでの「組織体」とは，会社，学校，病院，役所などを総称したものです．「社会」には，国や自治体も含まれますし，家族や個人を含めてもいいでしょう．

情報システムを設計するときは，最初に，どんな組織体のどんな範囲のことを対象とするか，線引きをします．こうして線引きされた範囲の内側のことを，

---

1)　浦 1998.

4.2　情報システムと対象世界のモデリング　　45

対象世界と呼ぶことにしましょう．これが世界ですから，その外側にあるものについては今後考慮の対象にはしません．そして，対象世界に中にはどんなものが存在し，そこに存在するものは互いにどのように関連しあっているのかを観察し，それを写し取って情報システムの設計書（の一つ）とします．この設計書を作成する作業をデータモデリングといいます．

　たとえば，大学に入学した学生は，学部に所属します．この「学生の学部への所属」ということを対象世界として考えてみましょう．そこにはどんなものがあり，どう関連し合っているでしょうか．

　この時点では，学生として「誰」がいるのかはわかっていません．わかっているのは，学生という性質を満たす人たちが何人かいるということだけです．学部についても，学部が統廃合されたり新しい学部ができたりすることがあるので，どんな学部があるかを確定することはできません．いってみれば，学生という概念と，学部という概念だけが存在しているのです．データモデリングでは，具体的な学生や学部でなく，学生という概念と学部という概念を使って対象世界の様子を写し取っていきます．

　ここで概念と呼んでいるものは，数学で習った集合に当たると考えることができます．集合には要素があり，一つの集合に属する要素同士は互いに異なっています．ここでは，学生という集合があり，その要素に当たる一人ひとりの学生は誰も互いに異なっています．学部についても，同様のことが当てはまります．

　学生と学部の二つの集合を考えることで，ここで設定した対象世界に存在するものを表すことができました．では次に，学生と学部の間の関連を考えてみましょう．たとえば「学生○○が，△△学部に所属する．」という状況です．これは，学生の集合の一つの要素（○○）と学部の集合の要素の一つ（△△）が，ある絆によって結びついていると考えることができます．学生や学部の要素が沢山あれば，同様な結びつきも沢山あるはずで，ここでも，結びつきの集合を考えることができます．

　以上の様子を図4-1に示します．

　ある時点の対象世界の様子を切り取ってみると，(a) のような要素のレベルの結びつきを表すことができます．しかし，データモデリングの段階では，対象世界で起こり得るあらゆる様子を包含して表す必要があるので，(b)に示す集合とその間の結びつきとして表す必要があります．ここでは，学生と学部と

第２部　行動情報のシステム

46　4章　人間行動のモデリングに基づく情報システムの設計

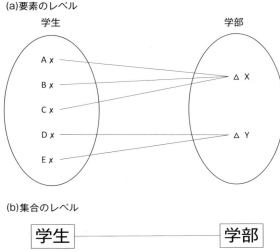

図 4-1　データモデリングの例：学生と学部

が対象世界中に存在するものにあたり，実体（entity）といいます．そして，実体同士の間の結びつきを関連（relationship）といいます．このように，実体と関連の二種類の要素を使って対象世界を記述するモデルのことを，実体関連モデル（Entity-Relationship Model；E-R モデル）といいます．E-R モデルの表記方法には様々な流儀がありますが，どれも(b)のような図による表記ができるようになっていて，その図を実体関連図（E-R 図）といいます．

　ここで，関連がもつ大変重要な性質について触れておきましょう．

　一人の学生が所属することができる学部は幾つでしょう．そして，一つの学部に所属することのできる学生は何人でしょう．前者の答えは一つですね．後者の答えは学部の規模にもよりますが，少なくとも複数であるといって問題ないでしょう．この様子を，学生と学部の間の関連所属の多重度は多対1であるといいます．二つの実体を入れ替えて学部と学生の間の関連を考えると，その多重度は1対多になります．多対1あるいは1対多の多重度は方向性があることに注意が必要です．なお，ここでの「多」とは，沢山ということではなく複数ということを意味します．

　学生と学部の例をまねて，学生が科目を履修する様子についても考えてみま

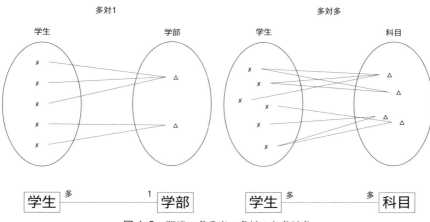

図 4-2 関連の多重度：多対 1 と多対多

しょう．一人の学生が履修できる科目の数，一つの科目を履修することのできる学生の数，これらはいずれも複数と考えて問題ないでしょう．さきほどの言い方を真似ると，この様子は，学生と科目の間の関連履修の多重度は多対多であると表すことができます．

多重度にはもう一種類，1 対 1 というものがあります．1 対 1 に該当するのはどんな場合か，それぞれで考えてみるといいでしょう．

多重度は，関連に関わる大変重要な特徴です．特に，多対多関連をどのように扱うかは，データモデリングの先に控えているデータベースの設計という作業において，大変重要な問題になります．

4.3 まとめ

本章では，情報システムの設計におけるモデルの役割を述べました．モデルは現実を写し取るために人間によって作られる言語です．ここで示す現実は，かならずしも現在のものではなく，組織や個人の目標から導かれる未来の現実といえるものです．つまり，情報システムは，未来のありうる行動をモデル化するものです．このように構築されたシステムを，現実の世界に実装し，運用していくことで世界が変わり，新たな社会が導かれます．情報システムの設計は，人間が人間の力で自分自身を変化させていく原動力となるものといえます．

5

人間行動から学ぶ情報システム

　本章ではこれまで，人間と調和する情報システムを構築するために必要な2つの行動情報学の方法を述べてきました．ひとつは，人間の行動特性から導かれる原則であり，もうひとつは行動の要素を明確に表現するための方法です．これらの方法は，「人間はこのように行動する」あるいは「人間はこのように行動するべきである」という知識や目標から始まるトップダウンなものです．そして，トップダウンな行動のモデルは，行動を「こういう状況（刺激）のときは，このように動く（反応）」という刺激と反応の関係（1章を参照）として捉えることが多いです．

　上記のような刺激と反応の関係は，入力と出力を結びつけるルール（規則）として書き出すことができます．そして，その規則をコンピュータにプログラミングすることで，人間の作業を人間に変わって実行する情報システムを構築できます．たとえば，文書中の人名や地名を検出・削除して匿名化する問題を考えてみます．その際，連続するカタカナはすべて人名とみなすというルールを作成すれば，全自動で人名検出を行うことができます．

　ただし，このようなルールの作成には非常に大きな手間がかかります．人間の行動は無数にありうるため，その全てを書き出すことは，現実には不可能に近いでしょう．また，ルールにはほとんどの場合例外が生じます．先の例でいえば，連続するカタカナでも人名ではないことが多々あります．

　このようなトップダウン的なモデルの限界は，ボトムアップ的なモデルの構築方法によって克服できます．ボトムアップ的なモデルの構築は，人間の行動に関するデータから出発します．特に，本章において説明する教師あり学習手法[1]では，人間が用意した「正解」となるデータを機械に与えます．そのこと

により，個々の事例の情報と一般的なパターンに同時に対応した行動のモデル
が構築されます．この方法が，情報システムを構築するための3つ目の行動情
報学の方法となります

5.1 人間の行動と機械学習

　1章で述べたように，人工知能に関する研究は1956年に開催されたダート
マス会議に端を発します．ダートマス会議以降，人間の知能を模倣する人工物
を実現するために，様々な方法が研究されてきました．さきほど述べた人間の
無意識の行動を記述するルールベースシステムも，そのような人工知能に関す
る研究の1つの成果です．しかし，近年の社会において目にする人工知能(AI,
Artificial Intelligence)という言葉は，単純なルールベースシステムではなく，
人間の行動を学習する機械学習によって構築された情報システムを指している
ことが多いといえるでしょう．

　機械学習とは誤解を恐れず端的にいえば，「超・ものまね」システムです[2]．
たとえば，ある画像が犬なのか猫なのか分類する問題を考えます．この問題を
解決する行動を学習するために，できるだけ多くの画像を集め，人間に犬なの
か猫なのか判断させます．その結果得られた人間の判断を，その問題の「正
解」とします．作成した正解付きの画像集（訓練データ）を機械学習のプログ
ラムに与えると，（うまくいけば）どういう特徴があれば犬で，どういう特徴
があれば猫なのかを自動的に学習してくれます．結果，未知の画像を与えても，
それまで学んだ特徴とどのくらい似ているかで，犬か猫か判別できるようにな
ります[3]．あくまで学習に使った訓練データの入力画像と正解の関係を学んで
いるだけですので，全く未知の特徴をもつ画像には対応できませんが，正解付
きの訓練データを様々な例が入るようにたくさん集めるほど，機械学習の性能
を上げることができます．

　しかし，そもそもこの仕組みは，人間が作成した「正解」を「まね」をして

---

1) 機械学習は大きく教師ありと教師なしのものがあります．学習の際に，正解を教えて
　くれる教師が存在するか否かが異なります．教師なし学習は，7章にて扱われます．
2) この説明は本章で扱う教師あり学習に限定されるものです．
3) ただし，似ているか，の判断は相当に高度な可能性があるため「超」とつけています．

いるだけです．そのため，「正解」が間違っているとうまくいきません．これはよくある落とし穴です．なぜか人間の判断は完璧だという気持ちを抱く人が多いのですが，そうとは限りません．どんなベテランでもミスをします．1章で述べたように人間の知能は限定合理的なものであり，人間の判断には固有の偏り（バイアスあるいは3章で触れた特性）があります．

人間を正解とする機械学習において特に問題となるのが，人間による判断の偏りが個人や状況によって異なることです．例として，先ほどの文書中の人名や地名を匿名化する問題を考えましょう．「田中」という文字列を見た時，それを人名と判断するのか，地名と判断するのか，組織名とみなすのかは文脈（その文書の内容や背景）や個々人の知識や経験によって異なります．おそらく，田中という苗字の人はその言葉を人名として受け取る可能性が高いでしょうし，田中という土地に住んでいる人は土地として受け取るでしょう．両方の属性を持っている人，あるいは人名にも土地の名前にもなじみのない人は，どちらとも判断できないでしょう．

そのため，人間の判断を学習させたいときは，数人同時に同じ問題に対して答えを出してもらいどのくらい一致するのか確認します．人間同士が一致しない場合は機械も「まね」のしようがないので，人間同士で一致した範囲が機械による「まね」の上限ということになります．これは，かならずしも誰かが間違っているということではありません．本質的に問題の答えが一つでないことはよくあるのです．先の例でも，犬か猫か曖昧な絵を描けば，当然迷うことになるでしょう．誰もが同じ答えを出せる数式的，客観的な基準を作れば答えは一致しますが，完璧な基準が作れるのであれば明確な規則を作れるので，個別データのボトムアップな積み上げで学ばせる機械学習を使う必要がありません．

機械学習の手法（学習の形式，計算式や学習方法）は非常に様々なものが提案されており，ほとんどは無償で利用可能なプログラムが公開されています．そのため，少しコンピュータの知識がある人であれば，機械学習の手法を簡単に実行することや，プログラムがあるので内部でどういうアルゴリズムにより計算が行われているのかを追うことができます．しかし，機械学習のアルゴリズムは膨大な計算量が必要になります．またアルゴリズムの実行結果は学習対象のデータによって異なります．そのため，どういうときにどの手法を使えばより良い結果が得られるのかは，やってみないとわからないことが多いです．

本章の残りの部分では，機械学習の手法のうち人工ニューラルネットワーク

（人工神経回路網，以下ニューラルネットワーク）と呼ばれる手法を紹介します．この手法は近年の人工知能技術の多くで用いられているものであり，社会的な影響も大きいものです．この手法のイメージを伝えることで，本章の最後にて，人間と機械が調和する未来社会に向けた展望を描きます．

5.2 ニューラルネットワークによる推論と学習

　人間の行動は脳の指令によって生み出されます．脳のなかでは，無数の神経細胞が相互につながり合ったネットワークを作っています．ニューラルネットワークは神経細胞の働きを模倣することから始まった機械学習の手法で，神経細胞（ニューロン）にあたるノードと，それらをつなぐ結合（コネクション）からなります．各結合は通常は，一方通行で信号を伝えます．さらに，信号の伝わりやすさを表すために，各結合には，重みと呼ばれる値が一つ設定されます．同様に，ノードは活性化状態と呼ばれる値を一つ持ちます．あるノードの活性化状態は，結合する他の複数のノードから受け取った信号を足し合わせることで定まります（図5-1を参照）．次のノードに出力を送る際は，活性化状態に伝達関数と呼ばれる関数をかけてから信号を伝えます．

　このような構造を仮定したうえで，入力（知覚）を受け持つノードに，刺激

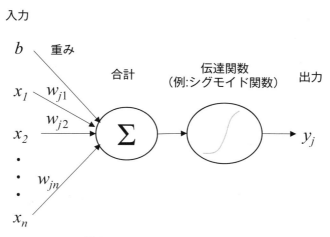

図 5-1　ノードと結合の模式図．

（たとえば猫の画像）に応じた活性化状態のパターンを与え，その活性化状態を重みに従って別のノードに伝達していきます．ノードから別のノードへの信号の伝播を何度か繰り返すことで，出力（反応）を決定するノードの活性化状態が定まります．出力を表すノードの活性化状態を参照することで，外から与えられた入力に対する反応（たとえば猫という判断）を決定することができます．この一連の過程を「推論」と呼びます．

　ネットワークの構造，すなわちノードの数と結合の仕方は，特定の問題を学習させる前に決められることが多いです．学習時に変更されるのは結合の重みです．基本的にニューラルネットワークは「誤差逆伝播法」と呼ばれる手法で重みを調整します．これは入力に対する「正解」となる出力つきの訓練データを前提とします．人間が機械に教える「正解」を用意するため，教師あり学習の一種とされます．

　誤差逆伝播法では，その名の通り，ある入力に対してニューラルネットワークが推測した出力と「正解」の差分すなわち誤差を計算します．そして，訓練データの範囲内で誤差が小さくなるよう繰り返し重みを調整します．その際，推論とは逆方向に結合をたどり，各ノードの正解となる活性化状態を定めていきます．このように，出力からあるべき活性化状態を定め，誤差を計算していくことが名前に含まれる「逆伝播」の由来となっています．

　ニューラルネットワークを誤差逆伝播法で訓練する際，「正解」をうまく予測できるようになるという保証はありません．訓練データ（学習時に与えられるデータ）の性質に特化した特徴を学習する「過学習」と呼ばれる現象により，訓練データではうまくいくが，評価データ（学習性能を評価するための新規データ）では性能が悪くなってしまうこともしばしばあります．過学習は，繰り返し提示されるデータの特徴を過剰に読み取ってしまうものです．過学習を避けるためには，訓練の量についての適切な設定が必要になります．機械学習を用いた研究開発における作業のほとんどは，データやネットワーク構造，設定パラメータなどの調整と再学習の繰り返しに費やされます．

5.3　ニューラルネットワークの構造と深層学習

　ネットワークの構造，すなわちノードの配置と結合は，層構造となることが

5.3 ニューラルネットワークの構造と深層学習

多いです．ひとつの層に複数のノードが属し，層内では結合せず層間でのみ結合させます．最も基本的な構造は，図5-2のような入力層・中間層（隠れ層）・出力層の3層からなるものです．層間は全てのノード間が結合され，全結合型ネットワークと呼ばれます．

中間層の各ノードは複数の入力層から伝達された信号を重ね合わせたものとなります．そのため学習（結合の重みの調整）を繰り返すことで，過去に学習した刺激に共通するある種の特徴がその活性化状態のパターンによって表現されるようになります．このような中間層における特徴の抽象化により，理論的には（中間層のノードを無限に増やせば）ほぼ任意の入出力関係を表し得ます．すなわち汎用の潜在能力があるといえますが，実際には望んだ入出力関係を表すような重み調整をさせるのには工夫と試行錯誤が必要です．

深層学習と呼ばれるニューラルネットワークは，図5-2に表わされるものよりもさらに層を深くした構造をとります．層の数が多い場合，層を追うごとに前の層の特徴を組み合わせることになるため，より複雑な特徴（階層的な特

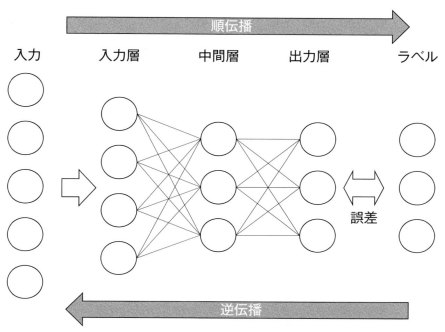

図 5-2　ニューラルネットワークの層構造

徴）を少ないノード数で表現することが可能になると考えられます．それまで
の多くの機械学習手法において，事前に開発者が設計・計算，あるいは手入力
をしていた特徴（たとえば物体を区別する輪郭など）を，深層学習手法は（う
まくいけば）自動的に発見できます．一方で，深層学習手法は，一般により多
くの学習データと計算時間を必要とする傾向にあります．また，非常に多くの
内部パラメータ（変数）をもち，多くの計算が非線形のため，計算過程の解釈
が困難でブラックボックス的であるという問題があります．

5.4　事前学習とファインチューニング

　正解付きデータを問題ごとに準備するためには人的・資金的なコストがかか
ります．そこで，汎用的な学習（事前学習）の結果を転用し，問題別の小規模
なデータを対象とした追加学習（ファインチューニング）が良く行われていま
す．

　たとえば，物体の種類（犬や猫，テレビやパソコンなど）ごとに分類された
大規模な画像データ集がインターネット上に公開されています．これを用いて
事前学習を行うと，世界にありそうな画像の特徴をだいたい認識できるように
なると期待されます．そのように学習されたネットワークに，各自の問題に応
じたより小規模なデータ（たとえば，友人の顔のデータ）を用いた追加学習を
行います．そのことにより，目的とする問題のデータは小規模であっても，対
象とする問題（たとえば，友人の顔の分類）についての良い学習の結果を見込
めます．

　同じことを言葉（テキスト）についても行うことを考えます．文字情報は
Web 上に大量にあるものの，それに対して事前学習を行うためになにがしか
の「正解」を作る必要があります．費用をかけず自動的に作るためにはどうし
たらよいでしょうか．たとえば

「静岡大学は静岡と浜松にキャンパスがあります．」

という文の，一部の単語を伏せます．すると，

「静岡大学は静岡と？にキャンパスがあります.」

のように, 伏せた単語（？）を当てさせる問題（クイズ）を作ることができます. 元の文から適当な単語を伏せただけですので, この問題には正解がすでにあります. さらに, テキストさえあればいくらでも, この種類の問題を作ることができます.

　前後の文脈から単語を当てるためには, 伏せられた単語の単体としての意味から始まり, 文法, 文脈を考慮した意味など, 多様な言語能力が必要になります. そのため, この学習がうまくいけば, 日本語一般なり, 英語一般なりの相当程度の能力を機械に持たせられる可能性があります.

　たとえば, 全 Wikipedia 記事などの膨大なテキストを訓練データすることで, 高い性能でマスク（伏せた単語）を当てる学習が実現されます. また同時に, このような大規模なテキストで学習されたニューラルネットワークの中間層は, 単語の意味や文内での役割, さらには単語を組み合わせた文の意味を特徴として表現するようになります. そして, あるテキストを入力した際に得られる中間層の活性化状態をベクトル（各ノードの活性化状態をベクトルの次元とした, 埋め込みとも呼ばれる情報の表現形態）とみなすことで, テキスト同士の意味的な類似なども客観的な数値として計算できるようになります.

5.5　生成 AI の仕組みと利用

　前節で説明した大規模な深層言語モデル, すなわち大規模言語モデル（Large Language Model, LLM）を用いることで, 文章を書くという人間の行動を自動化する情報システムが構築できます. システムに出だしの単語を与えて次に来る単語を予測させ, 予測した結果をつなげてからさらに次の単語を予測する, ということを繰り返します. これで, テキスト生成 AI システムができあがります.

　「文章」といっても, 文字列として表現できるパターンならば概ね何でも対象にすることができますので, 表形式からプログラミングコードまで, 同様の仕組みによる自動生成が可能です. また, 生成結果の文章に人間が求める問題の「答え」が含まれていれば, なにがしかの推論を行うシステムとして利用す

ることもできます.

生成 AI を構築する手法としては OpenAI 社が提案した GPT(Generative Pre-trained Transformer)が良く使われています. この名称から, GPT は事前学習(pretrain)された生成(generative)モデルであることがわかります. また 3 つ目の Transformer という語は, 2017 年に Google 社の研究者たちによって提案された深層学習のアーキテクチャ (ネットワークの構造) を指しています. GPT による大規模言語モデルは GPT-2, GPT-3 とバージョンを上げるごとに規模と性能を増してきました. 同じ手法, すなわち GPT を用いた大規模言語モデルはほかにも様々な大学・企業から公開されています.

GPT-3 は発表当時, 単文では人間が書いた文と見分けがつかないほど流暢な文章を生成することで大きな話題になりました. しかし, ありもしない内容 (hallucination, 幻覚) を生成しうることや, 差別的・不適切な内容をも生成するという問題がありました. そこで, InstructGPT と呼ばれる人間が GPT への教示を与える仕組みとして提案されました. この手法は, 入力と回答の組 (Instruction)や, GPT の出力結果を並べて人間に提示し, 人間にどの出力がより良いと思うかを判断させます. この結果を用いることで, 人間がインターネット上に残した行動データに単純に従うのではなく, 人間が望ましいと思う行動を機械に学ばせることができるようになります.

GPT に InstructGPT を加えることで構築され, 商用化されたシステムが, 2023 年に発表された ChatGPT 3.5 であるといわれています. ChatGPT は, インターネット上で誰もが使えるシステムとなったため, 大きな話題となりました. OpenAI 社からは, その後, ChatGTP 3.5 からさらに規模と性能を増した GPT-4 などが提供されました.

ChatGPT などの生成 AI への入力はプロンプトと呼ばれ, その内容を工夫することはプロンプトエンジニアリングと呼ばれています. ChatGPT の先頭に「チャット」という言葉がつけられているためか, 1 文程度の短い入力を与える場面をよく目にします. しかし, 生成 AI の性能を引き出すためには, より多くの文脈や背景, 設定情報をプロンプトに含めたほうがよいでしょう. 特徴的なやり方の一つとして, few shot prompting と呼ばれる手法があります. この手法では, 求めたい質問と類似した質問をその回答（正解）とともにプロンプトに並べて入力します. そして, 複数の事例を並び終えた後に, 本来回答を求めたい質問を記載します. たとえば次の例では, 文がポジティブかネガテ

ィブかを判定させたいとして，3つの正解付きの質問例を与えてから4つ目の文を与え，回答を出力させています．

```
プロンプト：
これは素晴らしい！// ネガティブ
これは酷い！// ポジティブ
あの映画は最高だった！// ポジティブ
なんてひどい番組なんだ！//
出力：
ネガティブ
```

（プロンプトエンジニアリングガイド　日本語版
https://www.promptingguide.ai/jp/techniques/fewshot　より引用）

先に述べたように，一般的な機械学習ではなるべく多くのデータを用意し学習させます．しかし，この場合は数例程度のデータを与えれば望む結果を得ることができます．しかも学習済みモデルの重みを変更しないという意味では学習は行われておらず高速に処理できます．

5.6　生成 AI による情報システムの今後

　生成 AI は，本書執筆時（2024 年）において，ボトムアップ的な機械学習によって構築される情報システムの最先端といえます．文章の生成や要約，プログラムコードの生成，多言語対応などの用途において，すでに実用的で有用な域に達しています．具体的には，メールや報告書・企画書など書類の作成，大量の文献のまとめ，スライド資料の作成，プログラミング補助などの日常的な作業の効率を著しく向上させ続けています．

　ただし，その仕組み上「ありもしないこと」の生成を完全に避けることは困難です．また，学習データに著作権上問題のあるデータが含まれており，生成結果を利用すべきでないこともありえます．これらのうち，「ありもしないこと」を生成してしまうという問題に対処するためには，生成 AI に何かを質問

して得られた回答について，改めてその対象についての一次情報を確認することが必須といえます．また著作権の問題から，生成 AI による出力は，下書きやアイデア出し（ブレインストーミング）のように何かを生成する際の準備段階の支援に用いることのほうが適しているといえます．とはいえ，人は易きに流れるもので，確認がおろそかになることは避けられず，これらの問題に対処することは社会的な課題といえます．また今後，自動生成された文章がインターネット上で大量に発信される可能性があり，日常的に接する情報に対する真偽の判断が難しくなることも予想されます．

　生成 AI に限らず，情報システムを社会的に重要な場面で実用する際には，根拠の提示が重要となります．この点において，生成 AI は大きな問題を抱えています．生成 AI のアーキテクチャや学習アルゴリズムは明確なものです．しかし，膨大な計算量とデータによって構築されたネットワークによる推論は，ブラックボックス的な過程に委ねられます．生成 AI に，生成 AI の推論結果を説明させるプロンプトを入力することもできますが，出力される説明は得られた推論結果に対応しているという保証はありません．この問題は，人工知能における説明可能性と呼ばれる問題で，今後の人工知能技術の開発の方向性を定める重要なポイントになると考えられています．

　また，生成 AI と人間の行動との整合（アラインメント問題と呼ばれます）に関してもしばしば問題として議論されます．生成 AI は，いわばインターネットから構築された「超・集合知」といえます．すなわち，特定の個人が取り組む問題についての解決手段を，世界中の人が残したテキストを寄せ集めることで生成します．しかし，一人の人間が一生のうちに読めるテキストよりも何桁も多い学習データを必要とすることからも，生成 AI を含め昨今の深層学習モデルは，人間の認知あるいは心理の仕組みとは大きく異なっていると考えられます．そのことが人間とは異なる行動を生み，どこかで人間との協働に齟齬をきたす可能性もあると考えられます．

　生成 AI の技術は未だ急速な進歩の過程にあり，潜在的な能力や社会的な影響を推し測るには，今しばらく研究の進展が必要そうです．ただし，その仕組みや実際の挙動を観察する限りでは，その背後に明確な知識に基づいた推論が必要な場合，さらに一段異なる仕組みが必要となると考えられます．このことは，Chain-of-Thought（思考の連鎖）と呼ばれる，単純なプロンプトの組み合わせで段階的に複雑な問題を解くプロンプトエンジニアリングが有効であるこ

とからも示されます．この手法は，2章にて示したアルゴリズムの定義（簡単な操作の組み合わせから構成される問題解決の手続き）に即すものです．よって，人間が求める情報システムは，ボトムアップな深層学習単体では生み出されず，本書がこれまでに示してきた認知科学やアルゴリズム，モデリングを含むトップダウン的な手法が求められるということになります．つまり，人間の行動特性も踏まえたトップダウン的な知識と人間の行動データからのボトムアップ的な学習の両面を組み合わせた行動情報学のアプローチにより，人間と調和した次世代の情報システムが導かれるといえるのです．

5.7　まとめ

　本章では，情報システムの開発に関する手法として，教師ありの機械学習（ニューラルネットワーク）の技術を簡単に説明しました．本章で紹介した手法は，前章までに提示した手法とは異なり，人間から得られた行動データを活用するボトムアップ的なものです．ただし，前節の最後で述べたように，本章のアプローチは，これまでに本書で述べてきたトップダウン的なアプローチと対立するものではありません．この技術が，人間のための情報システムを構築するために利用される限り，人間行動に関する知識は不要とはなりません．次章以降では，そのような人間の行動に関する知識を得る手法を述べていきます．

コラム 5　生成 AI の性能評価

　データの分析や分類のためのシステムに対し，データを生成するシステムは，一般に，性能の定量的・自動的評価が難しいという問題があります．たとえば会話においてはその受け答えに唯一の正解があるわけではありません．一般的な言語機能を測るテストで性能を測ることが広く行われていますが，それが実際の個別の問題における性能に直結しているという保証はありません．生成 AI の性能評価は様々な側面から総合的に行う必要があります．たとえば JGLUE というテストでは，ポジティブあるいはネガティブな商品レビューを分類するテスト，文ペアに対し類似度を答えるテスト，文ペアの関係を含意・中立・矛盾に分類するテスト，質問に対する回答を数文からなる段落から抜き出すテスト，常識推論能力を評価するための 5 択の選択式テストといった異なるタイプのテストにより，テキスト生成 AI の性能を評価します．

第3部

行動情報学とデータサイエンス

6

行動情報学と
データサイエンス

　前章では，人間の問題解決に関わる行動を変化させる情報システムを扱いました．情報システムの構築においては，人間の行動に関して得られている知識が活用され，その知識をふまえたうえで，開発者の間で共通言語となるモデルが構築されます．このようなアプローチは，知識から現実へ向かうトップダウン的なものといえます．しかし，人間を取り巻く社会は変化していくものです．そのため，過去の知識に基づくだけでは，作られたシステムが現実に合わないものとなっていってしまいます．

　こういったトップダウンアプローチの弱点（知識と現実の結びつきの弱さ）を補うために，ボトムアップアプローチが必要になります．ボトムアップアプローチでは，知識をすでに与えられたものとするのではなく，現実をもとに知識を修正する，あるいは現実を観察することで，知識を発見することを狙います．本章から始まる本書の第3部では，よりボトムアップな立場による行動情報学を紹介します．

　第3部にて示す行動情報学の分野は，データを重視するという意味で，第2部の最後に示した機械学習と共通します．ただし，ここでは機械学習ではなく，「データサイエンス」と呼ばれる分野に焦点を当てます．データサイエンスという言葉は，2010年代の半ばごろに社会に広まりました．この時期は，機械学習という言葉が社会に広まり始めた時期と重なります．2つの言葉が，同時に広まった背景には，インターネットやセンサーなどの技術が進展することで，人間行動をはじめとする種々のデータが大規模に活用可能になったことがあります．

　機械学習に対する「データサイエンス」の特徴は，「サイエンス」という単

語に表れます．サイエンス(science)とは，いうまでもなく科学を意味する英
単語です．それでは科学とは何でしょうか．『デジタル大辞泉』（参照日：2025
年1月30日）によれば，科学とは，「一定の目的・方法のもとに種々の事象を
研究する認識活動．また，その成果としての体系的知識」とされます．ここか
ら科学は，何らかの事柄を認識する，つまり理解するための人間による活動で
あることがわかります．

　科学のひとつであるデータサイエンスは，データを取得し，データを分析す
ることによって，対象を理解する活動です．個々の理解が積み重なることによ
って，社会で利用される知識が作られます．前章における機械学習は，このよ
うな営みを機械にまかせるものです．機械学習を利用する際には，機械が何か
を発見したとしても，かならずしもその知識を人間が知る必要はありません．
それに対して，データサイエンスにおいては，人が自身で知識を見つけ，管理
していくことになります．

　第3部では人間行動を対象としたデータサイエンスを扱います．その際，行
動情報学におけるデータサイエンスの特徴を示すために，旧来の行動に関する
科学を対比的に示します．行動に関する科学のなかには，1章で述べたような
心理学や認知科学，組織科学や社会学など，視点の異なる様々な分野が含まれ
ます．これら旧来のアプローチを示しつつ，行動が自動的にデータ化される現
代において，人間行動を理解するデータサイエンスを示していきます．

6.1　人間行動の科学における挑戦

　1章で述べたように，行動は人間を知るための貴重なデータです．しかし，
人間の行動は，物理学や化学などが扱うデータと比べ，難しい点を含んでいま
す．あらゆる科学は，データを計測することから始まります．人間行動を科学
の対象とする際には，データを取得し，そのデータを解釈する段階で以下のよ
うな問題が発生します[1]．

- **行動を生み出す原因の複雑性と多様性**：
  人間の行動は，ある刺激に対する反応として計測されます．しかし，刺

---

1)　Stone 2007, Mehl 2024.

激と反応の対応関係は様々な原因あるいは要因によって変化します．そのなかには，個人の性格や感情など外からは直接観察できないものも含まれます．あるいは行動の社会的な望ましさなど，個人の外側に存在する原因も考えられます．さらには，これらを組み合わせた複合的な原因もあり得るでしょう．たとえば，ある人があるお店で辛い食べ物を注文する確率は，その人の嗜好によって異なるでしょう．また，辛いものが好きな人でも，その時に辛いものを注文するかは，気候などの環境によって変わるでしょう．よって，ある行動の意味を知るためには，これら想定される原因の多様さと複雑さを考慮する必要があります．

- **行動を生み出す原因の時間的な変化**：
  性格や感情，環境や社会など，行動を生み出す原因は，時間とともに変化します．そのため，人間の行動を生じさせる要因を同定するためには，適切なタイミングでのデータの収集が必要になります．たとえば，コンサートなどの大規模なイベントが起きた直後には，その近辺の道路を歩く人が増えるため，通常の交通行動の調査を行うことはできません．逆にいえば，イベントによる交通状況への影響を知るためには，そのイベントが起きた直後のデータが必要ということになります．

- **データの精度と信頼性**：
  自然科学が扱うデータと比べ，行動データの計測が難しいひとつの原因は，人間の行動が人間の意識によって変化することです．同じ刺激（例：街中のゴミ）が与えられたとしても，他者から観察されているときとそうでないときでは，異なる行動（例：拾うか放置するか）が観察されるでしょう．このような人間の意識によって生じるデータの偏り（バイアス）のほかに，行動データには不確実さに関わる問題もあります．不確実さとは，原因と行動が確実に結びつくのではなく，確率によって結びつくことを意味します．たとえば，人は辛いものが好きだからといって必ず辛いものを食べるわけではありません．あるいは，辛いものを食べているからといって必ず辛いものが好きともかぎりません．そのため，計測された単一の事例のみから，その原因を同定することには限界があります．

- **データの過剰さ**：
  世界には無数の人間が存在し，常時なんらかの行動を生成しています．

そのため，ある原因とある行動の関係を探るためには，現実の世界に存在する膨大な行動のすべて取り扱うのではなく，取り扱うデータを絞り込む手続きが必要になります．この手続きは一般的にサンプリング（標本化）と呼ばれます．そして，観察できる範囲の限られている個人が，偏りのないサンプルを世界から得ることは非常に難しいことになります（コラム2を参照）．

- **データ活用のコストと労力**：
  行動データを収集し，その行動の原因がわかった場合，そこでわかったことを現実の世界を変えるために活用することが望まれます．ただし，人間の行動に関する介入を行うことは，ここまでに述べてきた困難さから容易ではありません．人間を巡る環境は時々刻々と変化をしていきますし，ある行動が生じたからといって，かならずしも原因が同じとは限らないからです．人間の行動データを活用するためには，これらの問題を考慮し続けることが必要であり，それには膨大なコストと労力が必要となります

- **プライバシーと倫理**：
  技術の進歩やデータサイエンスの発展により，上述の問題が解決されることが期待されますが，同時にプライバシーや倫理に関する問題が生じることが想定されます．人間の行動は個人の内面を反映しています．それをデータとして記録するということは，個人の秘め事も客観のものとするということです．これにより世の中のプライバシーに対する考えも変化していくと考えられます．そのような社会において，倫理を考えることは難しいことです．

6.2 伝統的対処と行動情報学的対処

人間行動に関する科学は，これらの課題を乗り越えるために，各時代の最新技術を応用することで，対処法を進歩させてきました（1章の行動情報学の歴史を参照）．表6-1の右側の列に，その対処法を示しています．それぞれ，2つの工夫を示しています．上段が伝統的な工夫，下段は最近の技術発展がもたらした行動情報学的な工夫となります．

66   6章　行動情報学とデータサイエンス

表 6-1　人間行動をデータ化するための課題と対処法

課題	対処法
1. 複雑性と多様性	• （従来）個別の原因およびその相互作用のモデル化 • （行動情報学）機械学習などによる複雑なモデルへのデータの当てはめ
2. 時間的変化	• （従来）イベントに即したデータ収集 • （行動情報学）常時・即時のデータ記録
3. データの精度と信頼性	• （従来）複数回のデータ収集 • （行動情報学）常時収集されたデータを対象とした客観的なデータ分析
4. データの過剰さ	• （従来）無作為（ランダム）なデータのサンプリング • （行動情報学）情報フィルタリングと重要なパターンの抽出
5. データ活用のコストと労力	• （従来）観察された行動を改善する介入スケジュールの立案 • （行動情報学）計測・分析およびフィードバックの効率化あるいは自動化
6. プライバシーと倫理の問題	• （従来）個人の同意の確保およびデータ匿名化，個人情報保護 • （行動情報学）法的規制と倫理的ガイドラインの整備

　まずは，複雑性と多様性への工夫について見てみましょう．この課題に対処するためには，なにより行動のモデルが必要です．過去の研究に基づきながら，人間行動に及ぼしうる原因を洗い出し，それぞれの原因，および複合的な原因の影響を仮定する必要があります．伝統的には少数の原因を仮定したうえで，その「原因を際立たせる状況を設定する実験」を行うことでデータが収集されてきました．たとえば，記憶力の向上に運動が必要と考えるのなら，運動を禁止した実験の参加者と運動を推奨した実験の参加者から，記憶テストなどの行動データを収集します．これら異なる状況で得られた 2 つの行動データを比べることで，想定した原因の確からしさを検討します．

　ただし，上記のような伝統的な方法（実験）では，扱える要因の数が限られてしまいます．記憶力に影響する要因としては，運動以外にも，その人の元々の特性や睡眠時間，その時の部屋の快適さなど多様なものが考えられるでしょう．こういった複雑な状況に対処するために，最新の行動情報学では，複数の原因を想定するモデルを構築し，多量のデータとの対応の良さによって，モデルの良さを評価します．その際には，前章で示した機械学習の手法も道具とし

て利用されます. データを説明する原因の組み合わせ（パターン）をアルゴリズムに即して探索することで，人間行動の背後にある原因を同定します.

2つ目の課題である時間的変化，3つ目の課題であるデータの精度と信頼性に関しても，伝統的には，実験を実施することで解決が図られてきました. 特定の行動に影響を及ぼす具体的なイベントが想定されるのであれば，そのイベントを起こす実験を行えばよいですし，行動が確率的に変化するのであれば，複数のデータを得ることで，データの信頼性を向上させることができます.

ただし，たとえば交通に影響を与えるようなイベントを実験として行うことは困難ですし，参加者が計測されていることを意識しないように実験を実施することにも限界があります. なにより，データの不確実性に対処するために多くのデータを収集することには膨大なコストがかかります. 行動情報学的なデータ分析では，これらの問題に対処するために，人間の行動に伴って記録される自然なデータを対象とした分析を行います. 新しいセンサーテクノロジーやインターネットの普及により，リアルタイムに大規模なデータを収集することが可能になりました. このような詳細で包括的なデータセットを分析することで，行動のパターンがより正確に理解されるようになります.

また，過剰なデータから情報を引き出すために，社会科学などの伝統的な調査手法では，分析対象となるデータがランダムにサンプリングされてきました. ただし，ランダムなサンプリングでは，元々あったデータのまとまりが失われてしまいます. たとえば，人間の動作（水泳の飛び込みなど）に関する情報を分析しようとしたとき，動作を記録した動画からランダムに姿勢をサンプリングしても有益な情報を得ることはできないでしょう. 時間的あるいは空間的に連続した行動データを，過剰なデータセットから意味をもったまとまりとして抽出するために，パターン抽出やフィルタリングと呼ばれる技術（7章にて解説）が必要になります.

行動データの活用に関しても，行動情報学においては，従来の方法よりもコストを低減させた形で行うことができます. 人間行動に関する科学の代表的な応用先としては，教育の場面が想定できるでしょう. 教育現場では，従来から個々の生徒の成績を分析し，生徒の特性に合わせた学習スケジュールが構築されてきました. 行動データの常時・即時の蓄積および機械学習による自動的なデータ分析が可能になれば，個人に合わせた教育プログラムに基づくフィードバックを生徒に随時行うことができます.

ここまで，人間行動の従来的な科学に対して，人間行動のデータサイエンスである行動情報学の利点を述べてきました．しかし，依然として課題が残されています．その課題は，表 6-1 の最後の項目であるプライバシーと倫理の問題です．これらの問題は，行動データの蓄積と分析技術の発展によって解決されるものではありません．むしろ，行動情報学の進展によって新たな問題が生じているといえます．伝統的な実験に基づく人間行動に関する科学においては，「個人の同意の確保及びデータ匿名化，個人情報保護」によって，倫理的な課題が解決されてきました．しかし，常時・即時記録される行動データを扱う行動情報学においては，個人の同意確保を行うだけでは十分ではありません．行動情報学時代の倫理を考えていくためには，この学問が私達の生活に及ぼす影響を科学的に見極め，ガイドラインや法的規制を，その必要性も含めて社会によって議論をし，合意を形成していく必要があります．

6.3　まとめと展望

　ここまで，人間行動に関する従来の科学と対比させる形で，行動情報学におけるデータサイエンスの特徴を述べてきました．これら行動情報学におけるデータサイエンスの背後には，従来から連続している情報通信技術（ICT）の発展，およびモノのインターネット（Internet of Things）の思想に基づく IoT デバイスの発展と普及が存在します（図 6-1）．これらにより，個々の利用者の行動

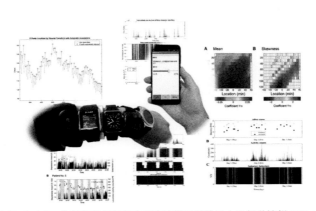

図 6-1　IoT デバイスと情報通信技術（ICT）技術の発達による行動情報のモニタリング

データが常時・随時記録されるようになりました．また，これらのデバイスによって記録されるデータは加速度や心拍，位置情報など多様な様相（マルチモーダリティ）を網羅するものです．異なる様相のデータを組み合わせることで，人間の行動に関する複雑なモデルを構築できます．さらに，IoT デバイスとスマートフォンなどのモバイル端末との組み合わせにより，効率的なデータ活用が可能になりました．

　こういった人間行動のデータ化は，人間が関わる多様な分野に変化をもたらしています．本章から始まる本書の第3部では，ここまでに示した行動情報学の特徴をふまえたデータサイエンスの事例を，個人レベル，グループレベル，社会レベルの視点に分けて示していきます．7章では，個人の行動からのパターン抽出に焦点をあてた手法および研究分野を紹介します．また，8章ではグループ内で得られた行動データをもとにしたモデル化の事例を示します．9章においては，社会的に常時・随時記録される情報を用いたデータ分析，および情報フィルタリングに基づくフィードバックの手法を解説します．

── コラム6　健康関連行動の計測と介入 ─────

　近年，利用者から得られる健康データや行動パターンを用いた健康管理アドバイスの仕組みが脚光を浴びています．その一環が，心身の健康維持と生活の質を向上させるモバイルヘルス（mHealth）システムです[2]．このシステムにおいて，個別の利用者のデータは，ウェアラブル端末やスマートフォンなどのモバイルデバイスから取得され，ネットワークを介してサーバーに蓄積されます．サーバ上のデータはリアルタイムに加工され，日常生活の習慣を改善するためのフィードバックが利用者に提供されます（図6-2）．

　モバイルヘルスシステムが広がった背景の一つには，腕度時計型の活動量計の普及があります．活動量計を常時装着することで，利用者の日常的な行動が，加速度データとして詳細に記録されます．このデータを機械学習によって分析することで，利用者の歩数や消費カロリーを含む身体活動，あるいは睡眠時間を含めた生活習慣が把握されます．これをグラフなどの形に加工して表示することで，利用者の健康管理に活用できるようになります．

　さらに，利用者に自身の行動情報を表示するだけでなく，利用者の状態に基づいたメッセージの配信により，行動変容を促す試みもなされています．たとえば，肥満の成人（BMI≧25）を対象とした B-MOBILE 介入研究[3]では，活動量計によって一定時間の間，

---

2)　Rehg 2017.
3)　Bond 2014.

着座状態であることが検知された場合，その時間の長さに応じて歩行を促すメッセージが配信されました（30分間の着座で3分間，60分間の着座で6分間，120分間の着座で12分間の歩行を促す）．また，別の研究[4]では，1時間での身体活動（歩数）が15歩以下であった場合，体を動かすことを勧めるメッセージを送信しました．いずれの研究においても，こういったメッセージを配信することで，利用者の日常生活での着座時間が減少し，身体活動が増加したことが示されています．

また，最近は上記の介入方法を発展させたJust-In-Time介入と呼ばれる手法が提案されています．この手法では，上の研究のようにメッセージの送信タイミングを固定するのではなく，介入を行うタイミング（介入基準）を個人ごとに設定することで，より効果的に身体活動を向上させることを狙います[5]．このような行動情報学に基づくモバイルヘルスシステムを発展させていくことで，現代に生きる人々のより健康で幸福な暮らしが実現されるものと考えます．

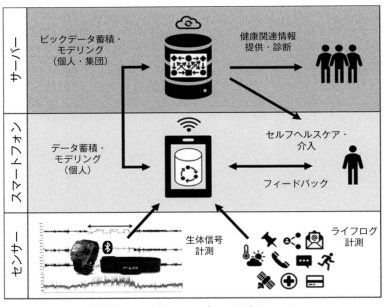

図6-2　モバイルヘルス（mHealth）システム

---

4) Finkelstein ら 2015.
5) 池ヶ谷ら 2023.

7

人間行動とコミュニケーションのデータサイエンス

第1部や第2部では人間行動に関するモデルを示し，前章では人間行動に関するデータサイエンスを導入しました．前章の議論から，「モデルが存在することでデータの探索が導かれ」，「データが取得されることでモデルの構築が促される」というモデルとデータの間の双方向の影響関係が示されます．本章では，この関係を個人レベルでの人間行動に注目することで掘り下げます．なお，前章のコラム6においてウェアラブルデバイスを用いた個人の行動計測の話題を述べましたが，本章ではより大きな個人の行動単位，特に個人と他者あるいは人工物との接点における行動（インタラクション）を扱います．

こういった行動（インタラクション）は，広い意味でのコミュニケーションに関わるものと捉えられます．コミュニケーションという言葉は，情報あるいは信号の伝達を意味します．この意味に即し，本章では，他者や人工物に作用する個人の行動を広くコミュニケーション行動と捉えます．そもそも，人間が社会生活を営むなかでとる行動の多くは，コミュニケーションの意味を含んでいます．前章の「多様性と複雑性の課題」で述べたように，個人の行動は，個人の思考や感情，価値観などの内的な要因に影響を受けつつ，周囲の状況や他者との関係性などの外的な要因からも影響を受けます．つまり，人間の行動とは，個人的なものであると同時に，他者とつながる社会的なものでもあるのです．

しかし，そういった人間の社会的行動は，多様であるだけでなく，不確実性を含みます（前章における「データの精度と信頼性」を参照）．そのため，行動の背後にある意図や感情などを，他者が客観的に推測することは，容易ではありません．そもそも，本書で繰り返し述べてきたように，行動の意味を把握

第3部 行動情報学とデータサイエンス

72   7章　人間行動とコミュニケーションのデータサイエンス

することは本人ですら難しいものです．コミュニケーションにおいても，発信
された情報の意味が，本人でも正確に把握できないことがしばしばあります．
また，同じ行動をしても違う相手とコミュニケーションすると異なる結果を導
くこともあります．皆さんも，「言葉に出してみて初めて自分の気持ちに気づ
く」といったことや「特定の人と一緒に行動するとうまくいくことが多い」と
いった経験があるのではないでしょうか．これらの経験は，人間によるコミュ
ニケーションを理解することの難しさを示しています．

　さらに，考えなければならない問題は，前章で述べた「時間的変化」です．
この問題は，コミュニケーションに関する行動においては一層複雑なものにな
ります．なぜなら，特定のコミュニケーション行動を引き起こす原因（自己の
感情や他者の態度）は，コミュニケーションの結果によって直接的に変化する
からです．コミュニケーションにおいては，自己と他者の感情や態度が相互に
影響を及ぼし合いながら変化をしていきます．そのため，行動の原因と結果を
切り分ける分析は非常に困難となります．

　しかし一方で，人間の社会がこのような複雑な相互作用から成り立っている
ことは確かであり，コミュニケーションにおける人間行動をデータサイエンス
の対象とすることは，様々な社会における問題を解決する糸口となる可能性を
秘めています．本章では，コミュニケーションを見据えた人間行動のデータサ
イエンスを対象に，データからの行動抽出，そして，行動抽出からの行動変容，
という2つの点について述べていきます．これらの観点から，人間行動の分析
と活用について理解を深めていきましょう[1]．

7.1　データからの行動抽出

　1章では人間の行動に内在するバイアスに触れました．また，3章では，そ
のようなバイアスが，ユーザビリティにどのように影響するのかを述べました．
コミュニケーションや社会生活においても，これらのバイアスは重要な意味を
もちます．表7-1は社会生活において指摘されるバイアスのうち主要なものを
まとめたものです．現状維持バイアスの強い人は，変化を嫌うため他者からの

---

　1)　本章の議論を理解するための参考書としては，Pentland 2008.

表7-1 人間の行動を抽出して分析した結果明らかになった人間の行動特性（バイアス）の例．他にも多くの現象が見つかっている．

現状維持バイアス	ある時点の状態を変化させずに維持しようとするバイアス
現在志向バイアス	ある時点で得られる利益や価値を重視してしまうバイアス
損失回避バイアス	得られる利益よりも，失われる損失を回避しようとするバイアス
アンカリング効果	先に与えられた情報を意思決定の基準（アンカー）にしてしまう現象
コンコルド効果	費やしたコストを惜しんで合理的な判断ができなくなる現象
フレーミング効果	同じ意味を持つ情報でも表現の仕方の違いで異なる影響を意思決定に及ぼす現象
ミラーリング効果	自分と同じような動作をしている人に親近感を抱く現象

影響を受けづらいと考えられますし，現在志向バイアスや損失回避バイアス，コンコルド効果などは，日常での購買行動に大きく影響します．また，ミラーリング効果などを利用することで，他者にとって好印象を与えるコミュニケーションを意図的に行うことができます．

　このような人間の行動特性に関する知識が，行動データからどのように導かれるのか，あるいは個人のバイアスの強さをどのように推定できるかを考えてみましょう．人間行動とコミュニケーションに関するデータは，多様な経路を経て，「マルチモーダル[2]」に記録されます．そのようなデータを，より客観的に，より効率的に，より深く分析するためには，データからの行動抽出が必要です．ここでいう行動抽出とは，データに含まれる人間の行動やコミュニケーションの傾向などを，統計的な手法や機械学習などの技術を用いて切り出すことです．データから行動抽出する目的と手法にはいくつかありますが，よく用いられるのは以下の2つでしょう．

7.1.1　パターン抽出（教師なし学習）

　人間行動のパターン抽出とは，人間の行動やコミュニケーションに関するデータから，そのデータに隠れた規則や構造などを発見することです．パターン抽出によって，人間の行動の特徴や構造のまとまりを取り出し，かたまりとし

---

2)　画像や音声など異なる種類のデータを同時に取り扱うことを指す用語．

て扱うことができるようになります.

具体的な手法としてクラスタリングや次元削減が挙げられます. クラスタリングは, データのもつ複数の「特徴」にもとづいて, 人間の行動をグループ分けする手法です. 次元削減は, データの有する複数の「特徴」をまとめ, 少数の判断基準を構築する手法です. これらの手法は古くから存在しており, アンケート調査で得られたデータの分析などに用いられてきました. たとえば, 自身の行動の傾向を問う質問(「あなたは……を行う傾向がありますか」など)への回答を「特徴」とし, 複数の類似(相関)した特徴をまとめた基準(尺度)を作ることで, 表7-1に掲げた各種のバイアスの強度を推定できます.

また, インターネットにおける行動の履歴や店舗などで得られる販売管理(POS: Point of Sales)データを対象として, 頻出パターン探索や関連ルール抽出などと呼ばれる手法を適用することもできます. これらの手法は, 履歴のなかで, 同時に出現する確率の高い項目からパターンやルールを作るものです. よく語られる逸話に「スーパーマーケットにおけるおむつとビール」の関係の発見があります. この逸話は, おむつとビールのような一見関係のない組み合わせが, POSのような常時記録されるデータを分析することで発見されるというものです. おむつと同時にビールを買う人が多いという行動のパターンが抽出されれば, おむつとビールを隣り合った販売スペースに設置することで, 売上を伸ばすことができそうです. なお, このような購入商品を対象としたパターンの抽出は, バスケット分析とも呼ばれます.

ここまでの例は, 1人の行動データから得られるものでした. こういった手法は, 複数名のコミュニケーション行動にも適用することができます. 詳しくは次章にて示しますが, 複数人での会話に現れる単語の系列から, 同時に出現するパターンを抽出することで, より生産的なコミュニケーションの特徴を発見することが可能です. また, 言語だけでなく, 会話における発話ターンの分析や, ジェスチャーなどの非言語データを用いた分析もコミュニケーション行動を明らかにするためには重要になってきます.

7.1.2 分類・予測(教師あり学習)

人間行動の分類とは, 人間の行動をあらかじめ定められたカテゴリやラベルに分けることです. 人間行動の予測とは, 現在の観測データから, 人間の行動

の未来や結果を推定することです．分類や予測によって，人間行動のデータにもとづく理解が達成され，これからどのような行動をするのかを推測したりすることができます．パターン抽出が分析をする人にも予想がつかないかたまりをデータから発見するのに対し，分類や予測はすでに発見され，名前をつけられたパターン（知識）をデータに当てはめるものと言えます．たとえば，図7-1は，上段の行動データ（加速度や心拍などの時系列データ）に対して，下段に示される「歩く」，「かがむ」，「走る」などのパターンが割り当てられ，未来のパターン（飛ぶ）が予測される状況をイメージしています．

　分類と予測においても，パターン抽出と同様に統計や機械学習の手法が用いられます．特に最近では5章でも説明した深層学習によって，従来では難しかった人間行動の判別や予測が可能になってきています．たとえばコラム6では，ウェアラブルデバイスで記録されるデータから，歩行や運動，睡眠などの行動が分類されることを述べました．また，ドライビングレコーダや監視カメラの画像から，事故や不審者の検知などが可能になっています．詳細な将来の行動の予測は未だ発展途上の分野ですが，記録された過去のデータを現在の状態に当てはめることで，将来の人間の状態を予測するような試みは，運転中の眠気の推定から日常学習における理解度の予測まで，多くの状況について検討されています．

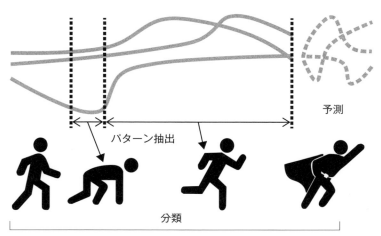

図 7-1 パターン抽出と分類・予測の例．人間がそれぞれの行動をしているときのデータからパターン抽出をし，それに基づいて行動を分類する．また，いくつかのパターンの連鎖から，将来起きることを予測する．

76   7章　人間行動とコミュニケーションのデータサイエンス

　なお，これら人間の行動に関するデータを分類し，予測する際には，クラスタリングや次元削減でみたような特徴に基づく相関の計算のみでは十分ではありません．特に注意すべきことは，これらのデータが時間的に連続した系列となっていることです（前章の「データの過剰さ」に関する議論を参照）．そのため，データの連続性を考慮した時系列分析，あるいは時間の順序関係から原因と結果の関係を推測する因果分析などの手法を適用する必要があります．

7.1.3　データからの行動抽出における問題

　行動データからのパターン抽出や分類・予測は私たちの社会を大きく変革する可能性をもつ技術です．しかし，こういった技術はどのようなデータに対しても，簡単に適用できるわけではありません．行動抽出を可能にするために解決しなければならない問題がいくつかあります．

　もっともよく生じる問題は，データの質と量に関するものです．目的とする行動抽出の手がかりがデータに含まれていなければ，そもそも行動抽出は不可能です．この問題を解決するためには，多様な行動データを含む大量のデータを集める必要があります．ビッグデータという言葉が提案されて久しいですが，当初はビッグデータの特徴として，Volume（量）・Velocity（処理速度）・Variety（多様性）の 3V が重要であるとされていました．その後，Value（価値）と Veracity（正確さ）を加えて 5V が重要な要素として認識されるようになりました．つまり，単に Volume（量）があっても，その中に Variety（多様性）や Value（価値）がなければ，データの活用は難しいということです．

　これらのデータの特徴は，人間の行動データの性質を考えると特に重要な意味を持ちます．前章でも述べたように，人間の行動データは，バイアスによって偏ったり，考慮していない条件が混在することで不正確になったりします．そのため，データを収集したり整理したりする際には，5V に表される条件によく注意する必要があります．

　他に生じる問題としては，抽出されると想定される行動の範囲や意味が曖昧なことが挙げられます．たとえば，会議をスムーズに進める議長の行動を抽出することを考えます．ここで「スムーズ」とはどのようなことを指すのでしょうか．こういった行動の具体的な意味は，分析の結果として抽出されることを期待するわけですが，「スムーズ」が何を指すのかがある程度明確でないと，

どのようなデータを集めて分析すればよいかがわかりません．しかし，スムーズに進んだ会議の中には，「時間が短い」「結論が明確」「反対意見がない」というように，様々なものが含まれています．中には「全員の意見が滞りなく出る」と「最初の意見で決まる」というような，行動としては反対方向のものも含まれているかもしれません．抽出される対象を過不足なく想定することは難しい問題ですが，何も想定せずに分析することは慎むべきです．

なお，同様の問題は，5章において教師あり学習における「正解」の問題として議論しました．データサイエンスに属する本章とシステム開発手法を示した5章では，データに対する方向性が異なっています．それにもかかわらず共通した問題が見出だされることは，人間行動を扱う営みにおいて，行動の多義性が繰り返し生じる根本的なものであることを示しています．

7.2 行動抽出からの行動変容

表7-1のような行動抽出の結果を用いることで，人々の行動を外部から変容させるコミュニケーションの方法，あるいは情報システムを考えることができます．行動変容を導く介入として，コラム6では加速度のような詳細な行動情報を利用する Just in Time 方式を取り上げました．本章ではより大きな単位の行動のバイアスを活かした2つの介入の方法を紹介します．

7.2.1 ナッジ

ナッジとは，人間に対して強制をしたり罰則を与えたりするのではなく，人間の行動特性に基づくちょっとしたきっかけを与えることで意思決定に影響を与え，望ましい方向にさりげなく行動変容を促すコミュニケーション手法のことです．とはいえ，それが簡単にできたら苦労はしません．ナッジを実際に行う際は，提唱者が提案した「NUDGES」というフレームワークを参考にするとよいでしょう（表7-2）[3]．

これらのうち，いくつかのものは3章で紹介したユーザビリティに関する原

---

3) Thaler & Sunstein 2008.

78   7章　人間行動とコミュニケーションのデータサイエンス

表7-2　フレームワーク「NUDGES」. それぞれの要素を考慮してナッジを実現するような情報提供や介入の方法を検討する.

インセンティブ (i*N*centives)	人間が行動を起こす動機付けになる利益やメリットを与える.
理解しやすいマッピング (*U*nderstand mappings)	与えられた選択肢から得られる結果をわかりやすく示す.
デフォルト状態 (*D*efaults)	推奨したい選択肢が最初に選ばれている状態にする.
フィードバックの提供 (*G*ive feedback)	人間が何か行動を起こしたら，それに対する評価をフィードバックする.
エラーの予測 (*E*xpect error)	あらかじめ想定されるエラーに対して対策をしておく.
複雑な選択の体系化 (*S*tructure complex choices)	把握しにくい選択肢がある場合には，構造を整理して選択しやすくする.

則と関連しています. たとえば，「理解しやすいマッピング」や「フィードバックの提供」は，学習しやすさの原則と対応しますし，「デフォルト状態」も個人の記憶の原則と関連します. それらに対して，「エラーの予測」や「複雑な選択の体系化」は，本章にて示した行動抽出のより積極的な活用と捉えられます. 個人から収集した行動データのクラスタリングや次元削減により，共通して用いられる選択肢がグルーピングされますし，頻出するエラーについてはTransformer（5章）を活用した文章校正機能のように先回りした支援が可能です.

　このように，ナッジを活用した行動変容とは，基本的には，個人に対して快適なインタフェースを提供することで，システム設計者が考える望ましい（より健康になる，より公衆衛生を向上せるなどの）選択肢に行動を誘導するものです. よく知られた例として，足跡の絵を床に描くことで，施設管理者が望む方向に人間の移動行動を誘導することが行われています（「理解しやすいマッピング」の活用）.

　ただし，表7-2に挙げた「インセンティブ」に関しては，こういったユーザビリティを活用したさりげない介入とは毛色が異なっています. 具体例としては，買い物などで特定の支払い方法を選択した際に付与されるポイントを考えることができます. こういったインセンティブは，間接的な行動の介入を超えた強制力を持つ可能性があるため，注意が必要です. たとえば，特定の決済の

方法を考えたとき，2%程度の還元率であれば，その方法を選ぶことは個人の選択の範囲と言えますが，これが50%還元となった場合には，行動を強制していることと区別がつかなくなります．なお，インセンティブを用いた大規模な行動変容の事例は，13章にて「イノベーション」として取り上げます．

　強制力をもつインセンティブにかぎらず，ナッジの手法は，人間にとってかならずしも望ましくない方向に行動を誘導する可能性があります．こうしたものは「スラッジ」などと呼ばれ，忌避すべきものです．こうしたものの中でも，社会的に影響が大きいものは法的に規制されることもあります．

7.2.2　エージェントインタラクション

　ナッジが人間の無意識に働きかける行動変容の手法だとすると，エージェントインタラクションは意識的に働きかける行動変容の手法です．ナッジは「こうすればいいのはわかっているんだけど」という場合に有効な方法です．一方，エージェントインタラクションは「何をしたらいいかわからない」という場合にも有効な方法といえます[4]．

　「エージェント」という言葉は様々な分野で幅広い意味を持ちます．エージェントインタラクションにおけるエージェントのわかりやすい事例は，ソフトバンク社の開発したPepperのような物理的に動くロボットやゲームなどでプレイヤーと接するバーチャルキャラクターです．これらのエージェントは，人間同士が自然に利用している手段（言語や表情，ジェスチャー）を用いて，利用者に情報を提示し，利用者からの要求を受けつけます．特に最近では5章にて説明した生成AIを活用することで，利用者の発した多様な要求を解釈し，自然に応答を生成するエージェントが実現されるようになりました．

　こういったエージェントの外見や性格を変更することで，先述のナッジの手法と組み合わせた利用者の行動の誘導が可能です．事務員のようなより信頼のおける外見をまとったエージェント，あるいはより利用者の共感を誘う外見にデザインをすることで，場面に合わせた会話を誘導することができます．

　さらに，エージェントインタラクションを利用したシステムは，他のシステムと異なり，自分とは異なる「意図」をエージェントが持っていると錯覚させ

---

4)　山田・小野 2019.

るコミュニケーションを実現できます．そのため，人間の意図に沿って動くことが想定されている機械的なシステムや一般的な道具と比べて，行動変容に向けたメッセージの説得力を持たせることができます．たとえば，公共の場でゴミを捨てる行動を阻止するメッセージを考えたときに，無味乾燥な張り紙よりも，清掃員を模したエージェントが咎めるメッセージは，より効果が高いと考えられます．

　こうしたエージェントの振るまいをデザインするには，広い範囲にわたって人間の行動特性を理解する必要があります．不完全なエージェントを導入することは，個人の行動変容に対して，逆効果となる可能性もあります．このことは，「不気味の谷」と呼ばれる現象に典型的に表れます．この現象を簡単に説明すると，中途半端に人間と類似する人工物に対して，人間が負の感情（不気味や気持ち悪いなどの感情）を抱くことを指します．

　こういった一般的な心理的な法則としてまとめられる現象のほか，所属する集団によって適切な社会的振るまいが異なることに注意が必要です．世の中には多様な文化があり，多様な個性を持った人が存在します．そのため，エージェントの振るまいを設計する際には，そのエージェントが誰とコミュニケーションするのかについてもあらかじめ考えておく必要があります．

7.3　まとめ

　本章では他者との接点における個人の行動に焦点を当て，データからの行動抽出，行動変容に向けた活用の方法を議論しました．本章で述べた事柄は，前章における人間行動を対象としたデータサイエンスの一部であり，第2部におけるユーザビリティや機械学習の議論とも接続しています．このように行動情報学は複数のトピックが相互に複雑に絡み合いながら進展する学問です．コラムでは，次章におけるより大きな単位の人間行動への話題に接続するために，人間のコミュニケーション行動の困難さを議論しています．

コラム7 話し合いによる意思決定

　本章では，個人の行動変容を促す介入をコミュニケーション行動（他者や人工物に作用する個人の行動）の観点から検討しました．ただし，本章における検討は，ナッジやエージェントインタラクションなど，情報システムに組み入れることが可能な介入に焦点を当てたものであり，具体的な人間同士のコミュニケーションに関しては考察をしませんでした．そこで，本コラムでは，人間がコミュニケーションを通して，どのようにして行動変容，あるいは行動変容の前段階である態度変容に至るのかを考察することにします．

　行動変容あるいは態度変容が生じるコミュニケーションの場面設定として，複数人で意見を出し合って意思決定する場面を考えます．このような場面の多くでは，意見が対立して誰かの意見を却下せざるを得ないことが生じます．そして，その際には，人間は決定結果のクオリティだけではなく，意思決定過程で生じる様々な軋轢や共感がその後の人間関係に及ぼす影響も考慮して，自分の主張の強さや内容を調整します．調整の方向性としては，対立を避けるか，説得しようとするかのどちらかになることが多いでしょう．どちらの方向性が選択されるのかは，その話し合いの目的などにも影響されますが，個人ごとの好みもあります．

　対立を避ける場合には，単純に意見を引っ込めたり，誰かが出した意見に迎合したり，という行動を選択することもありますが，情報を小出しにしながら話し合いの参加者内で合意されそうかどうかを探っていくという行動がよく見られます．こうした行動がよく生じる話し合いでは，参加者内で反対されない要素をなるべく多く採用する結論を目指すことになります．

　説得しようとする場合には，自分の意見を強く主張する場合もありますが，お互いの意見を出し合ってそれぞれの意見の妥当性を明示的に検討するという行動がよく見られます．こうした行動がよく生じる話し合いでは，確実に合意されている要素を結論から外さないように検討を進め，外さなくてはならない場合にはその理由が明確である結論を目指すことになります．

　自分の意見については大雑把な好みだけを把握している場合には対立を避けて話し合いの中で意見を具体化していくことが多くなり，自分がどのような意見を持っているのかを具体的に意識している場合には意見に含まれる重要な部分を明確にして説得しようとすることが多くなるようです．どちらが正解ということはないのですが，意思決定の方針そのものが違うことがあるということを知っていると，かみ合わない話し合いを避けることができるかもしれません．

8 人間行動と集団の データサイエンス

　世界は，これまで私たちが新しい発見や知識を蓄積することで，文化を発展させてきました．多くの人は，こうした事実を「どこかにいる誰かすごい人がなんとかしてくれてきた」特別なこととして捉えているかもしれません．しかし，知識と呼ばれるものが多くのデジタルメディアを通して広く共有され議論されることが増えた現代において，発見に関わることや，知識を作る＝創造するという活動は「特別な」ものではなくなりました．たとえば，Web に関する技術の進展により，インターネット上の多くの利用者が，世界中の利用者によって楽しまれて，評価される音楽や動画を作成し，配信できるようになっています．これからの時代を生きる中で，私たちは自分の意見や考えを表明することで，意図する・しないにかかわらず，発見や知識の創造というこれまで「特別」なことだと思ってきた文化的活動に参加することになる，もしくはすでにしているのです[1]．

8.1　社会的活動を通して作られる集団の知性

　集団の知性に関する研究は，1800 年代から始まっており比較的長い歴史があります．この考え方は，1 章で述べた認知科学や人工知能の他にも，生物学や組織科学など様々な分野で多様な方法論によって検討されてきました．その中でも最も著しい発展を遂げているのが，ネットワーク科学だと考えられま

---

1)　Williams & Tapscott 2011.

す[2]．インターネットが普及して以来，人々は日常生活において見知らぬ人々とも相互に繋がるようになっています．この相互接続性によって，社会における強力な集団の知性が生じることが明らかにされています[3]．

　ある研究者は，集団の中での参加者間の関係構造をうまく設計できれば，人々は限られた時間の中で社会的な協力が必要な課題を達成できることを実証しています．マサチューセッツ工科大学の Piccard らのチームは，アメリカ国防高等研究計画局のレッド・バルーン・チャレンジ（米国上空に設置した 10 個の赤い気象観測気球の位置を同定する）に参加した際，インターネットで 4,400 人の協力者を募り，彼らからの観測情報（その協力者が気球が見ているという情報）を得ることで，9 時間以内にすべての気球の位置を特定し優勝しました[4]．また他の研究者チームは，タンパク質の構造を解き明かす Foldit と呼ばれるパズルゲームで，生化学の専門的知識を持たないプレーヤーが最良の解に到達できたと報告しています[5]．これらの例は，多様な人間が相互接続された世界における集団的な活動を通じて，これまでそうした活動とは無縁であった人々が新たな知識を創造できる可能性を示唆しています．

　こうした集団の知性は，どのように計測できるのでしょうか．また，その知性に個人差のようなものはあるのでしょうか．一般に知能の個人差はスピアマンの一般知能テスト[6]を代表とする知能検査で測定されます．その中の一般知能因子（g 因子）は，これまで人間の様々な課題解決活動を説明する重要な能力＝知能だと考えられてきました．一方で，心の知能指数とも呼ばれる感情的知能も注目されています．これは人間が他者とうまく協調するために必要な能力であり，チームワークが盛んな現代のビジネスシーンでは，g 因子以上に重要なものとして取り上げられることもしばしばです．これらの知能は現代社会を「生きぬく」社会人にとって大事であることには間違いありません．

　これら従来からの議論に加えて，近年では，集団としての有能さを議論する動きが著しく進展しています．集団における知能は，認知的な一般知能指数で

2）　図 1-1 において，組織科学とネットワーク科学は，行動科学から接続される左側の矢印として行動情報学に接続されています．ここで，行動科学は行動主義に基づく学際的な研究分野を指しています．

3）　Malone 2022, Pentland 2014.

4）　Pickard ら 2011.

5）　Khatib & DiMaio 2011.

6）　Spearman 1907.

84   8章　人間行動と集団のデータサイエンス

も心の知能指数でもなく，集団そのものが持ち得る能力だと定義されています．
ゆえに，チームに参加する個人の知能指数を調べても，その個人が参加するチームの生産性は予測できません．なお，本書の第4部で示すマネジメント分野の研究では，集団自体が学習し，知的な人格を持つという考えに立ち，新しい商品やアイディアを作り続ける「知識創造型企業」の特徴が説明されています．しかし，そこにあるはずの知能自体の存在を測定する研究は，これまでは極めて少なかったのです．

　そのような中，マサチューセッツ工科大学メディアラボに在籍するPentland の研究チームは，グループの様々な課題解決活動の背景には，個人の知性（g因子）以外に集団の知性（c因子）が存在しており，それがグループの生産性を決定していると考えました．このc因子を確認するために，彼らは多くのグループに複数の課題を解決してもらい，その成績を分析することでc因子と想定される一般因子を発見しました．特筆すべき点は，統計的な分析の結果，このc因子の得点が全てのグループ課題の成績を説明することができる一方で，グループに所属する個人のg因子は，グループ課題の成績とは関係がないことがわかったことです．つまり，彼らの想定した集団の知性の因子（c因子）は存在し，その因子がグループの生産性を決定していること，そしてこれまでの一般知能因子の得点は，グループの生産性を説明できないことがわかったのです．この研究結果は米国の著名な科学雑誌「サイエンス」に掲載されました[7]．

8.2　集団の知性を分析するアナリティクス

　このように，その存在が重視されている集団の知性ですが，それを捉える研究手法はまだ確立されているとは言えません．一つわかりやすい例を挙げてみましょう．音楽のバンド（集団）が作る楽曲は，ある種の知識だと考えられます．オリジナリティの高い，そして聴く人の気持ちを昂らせることができるメロディラインや歌詞は，そのバンドにしか作ることができません．また，各パート楽器のアンサンブルとして最終的な曲が演奏されるわけですが，どのよう

---

7)　Woolley ら 2010.

に演奏するのかを含めバンドが一つになって機能しないとうまくはいきません。こうした作曲や演奏という作業の中で個々のメンバーが出した知識の区別がはっきりとつくのかというと，実はそうでもないのです。各メンバーが自分なりの知識や理解を出し合っていることは確かなのですが，「どこからどこまでが誰の知識か？」という質問に正確に答えることはとても難しいのです。

このことは，科学の世界でも同じです。新しい発見や知識を公開する方法として，専門雑誌で論文を発表することが代表的な形態ですが，その論文を書く著者は大抵複数名です。たとえば 10 名の著者がいたとして，各自が自分の貢献を本当に正確に表すこと自体難しいですし，書かれた論文の説明は人によってまちまちとなります。すなわち，確かにみんなで作ったものなのだけれど，必ずしもそれに関わった人たちがその全てを同じように理解しているわけではないのです。

こうした集団の知性を私たちの生活の中で有効に活用していくためには，それがどう育まれどう利用可能なのかという知見が必要となります。この知見を導き出すために人間の行動を分析する研究方法には，質的に詳細なやりとりを分析し，集団の本質的な特性を導き出そうとする定性的手法と，分析の前にデータを数値化して数学的モデルや統計的分析を駆使し，一般化できる高い知見を導き出そうとする定量的分析手法があります。次に，この二つの分析手法を事例とともに紹介しましょう。

8.3 エスノグラフィーを用いた集団の知性の分析：定性的手法

集団の知性がどう機能しているのかを明らかにするために，多くの社会学者や認知科学者たちがエスノグラフィーという観察手法を使って，複雑な問題を解決するチームの集団の知性を明らかにしてきました。この手法は実際の場面での活動を詳細に観察し，そこから集団の知性を明らかにしようとするところに特徴があります。

一例として Hutchins よる艦船の航行チームの研究があります[8]。この研究

---

8) Hutchins 1990.

86 8章 人間行動と集団のデータサイエンス

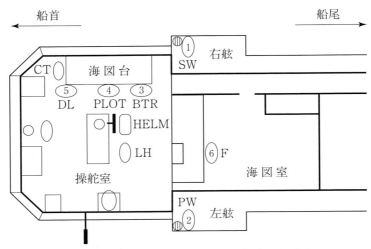

図 8-1 戦艦の航行チームの配置図．[11] より引用．
SW：右舷方位測定係（Starboard Wing） PW：左舷方位測定係（Port Wing）
BTR：方位測時記録係（Bearing Timer Recorder） PLOT：作図係（Plotter）
DL：甲板日誌記録係（Deck Log） F：水深探知機オペレータ（Fathometer operator）
HELM：操舵手（Helmsman） LH：副操舵手（LeeHelmsman）

で彼は米国海軍の戦艦に乗船し，実際に航行チームがどのように船の航路を決め操縦しているのかを，詳細な観察によって明らかにしています．

　船の航行の難しさは，その一つに車のようにハンドルを切って移動する方向を即座に変えることができないところにあります．この時間差により船の進むべき方向を早めに想定しながら，司令官は正確にそしてタイミングよく操舵手に命令を伝えねばなりません．ハッチンスが分析したのは，サンディエゴの狭い入江を米国海軍の軍艦が進む際に行われる，航行チームの頻繁な情報のやり取りと適切な行為の実行の流れでした．著者たちは実際にその入江で戦艦が帰還する様子を間近にみたことがありますが，本当に見事に狭い海路を通って港へ帰還していきます．とても一人の人間が上手く舵を切るだけで為せることではありません．

　狭い入江を航行するために，6名のメンバー（図 8-1：数字のついた楕円）がそれぞれ役割を割り振られています．船の現在地を測位する「位置決めサイクル」という活動は，これら6名のメンバーがお互いに協力することで成立します．簡単に言えば，方位測時記録係（図 8-1 の 3）が船の両ウィングの方位測定係（図 8-1 の 1 と 2）に方位の測位の指示を出し，方位測定係が測定した

方位が連絡されると，それを記録しつつ作図係（図8-1の4）へ伝えます．作図係は，海図上にその方位情報から「位置決め線」を引きます．両ウィングの方位測定係から入る方位の情報を元に複数の線（実際には3本）を引くことで，船の位置は一つに定まるのです．

　安全な航行には各自が自分の役割を適切に果たすことはいうまでもないですが，メンバーは異動や退職などで変わるため，永遠に同じメンバーで仕事を進めることはできません．こうした問題に対処するには確立した集団の知性を維持し続けるための学習機能を持たないといけません．航行メンバーの職位は方位測定係→方位測時記録係→作図係と昇進していきます．方位測定係以外は，過去に自分が経験した仕事を担う別の新しいメンバーと協力するという仕組みにより，上位の職位のメンバーは自分より下位のメンバーの仕事をサポートしてあげることができます．こうした役割分担に見られる仕事内容の「被り」が，メンバーの成長する機会を提供しているとハッチンスは言います．さらにそこでは，言葉を用いたコミュニケーションと，共用する海図などの道具を通してお互いの活動の意図を読み取る非言語的なコミュニケーションを用いてチームワークが成立しています．

　このような詳細な観察による研究から，集団の知性の成り立ちが明らかにされてきましたが，集団の知性を維持・発展させるためにどのようなコミュニケーションが必要なのか，探求すべきことはたくさん残されています．行動情報学では，システムの開発や定量的分析手法などの開発，さらには実際の組織におけるそれらの手法の適用を通じて，この課題に挑んでいます．

8.4　社会ネットワーク分析を用いた集団の知性の分析：定量的手法

　船舶のなかでのエスノグラフィーの結果は，集団の知性を維持・発展させるために，その集団内のメンバーのコミュニケーションが重要であるということを示しています．集団におけるコミュニケーションの重要さは，本書において繰り返されるテーマです．すでに，4章で集団における意識を統一するためのモデリング言語を説明しました．しかし，モデリングはトップダウン的にコミュニケーションのあり方を決めるものです．モデリング言語を定めたからとい

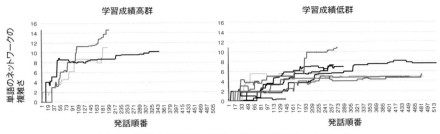

図 8-2　学習成績高群と低群の単語の時変ネットワーク

って，現実のコミュニケーションが定められたモデリング言語に従うわけではありません．

　ネットワーク科学は，コミュニケーション（特に言語情報）におけるトップダウンとボトムアップを結合する定量的な分析の方法を開発してきました．その応用先の一つに，人間の学習行動の分析をメインテーマとした学習分析学という研究領域があります．そこでは，社会ネットワーク分析という手法を用いた集団の知性の研究が盛んに行われています[9]．社会ネットワーク分析は，データからコミュニケーションの知識に至るボトムアップ的なアプローチ，人間の解釈からデータを読み取るトップダウン的なアプローチを含みます．ボトムアップアプローチでは集団の中でメンバーの言語的やりとりを単語レベルに分解し，その単語がどう利用されているのかをネットワーク化します．それに対して，トップダウンアプローチでは，対話内容に対する人間の解釈から，そこで見られたコミュニケーションの意味の繋がりをネットワーク化して分析します．

　たとえば Oshima ら[10]は，両方のアプローチを使って分析をしています．彼らは「人間の免疫システム」についていろいろな資料を読み，グループで協力して「ワクチン接種がヒトを感染から守る仕組み」の説明を作る課題を高校生に与えました．ハッチンスの研究と違い，高校生はその領域の専門家ではないため，学習内容の理解を通して自分たちの知性を作り上げていくことになります．ボトムアップアプローチでは，学習活動中の会話を全て収集し文字起こししたデータを用いて分析を行いました．KBDeX[11]という分析ツールを用いて

---

9) Oshima & Shaffer 2021.
10) Oshima ら 2020.
11) Oshima ら 2012.

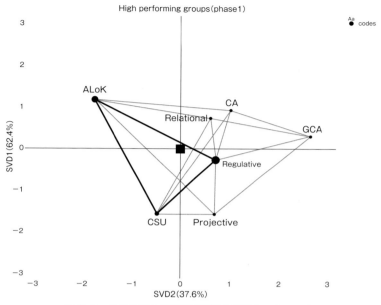

図 8-3　学習初期の学習成績高群の認識ネットワーク

　免疫のメカニズムを説明するのに利用された重要な単語に着目し，それらの単語を各発話の中でどのように使い集団の知性を高めていったのかを，発話順番と共に変化する単語のネットワークの複雑さを捉えることで明らかにしました．図 8-2 を見比べると学習成績高群は低群と比べて，学習開始当初から単語のネットワークの複雑さが急激に上昇していることがわかります．

　一方，同じデータを用いてトップダウンアプローチで分析した結果はどうだったでしょうか．この分析には認識ネットワーク分析[12]を利用しました．生徒たちの発話内容をその意味に基づきカテゴリ化し，異なるカテゴリ同士が発話の中でどう繋がっているのかを分析しました．図 8-3 と図 8-4 に，学習初期の学習成績高群と低群の認識ネットワーク（異なる意味の発言がどのように連携しているのか）を示しています．両群ともネットワークの中で他のカテゴリとよく結びついているのは，調整（Regulative）という自分たちの学習活動を制御あるいは管理する意味を持つ発言です．しかし，成績高群と低群の間に見られる違いは，この Regulative というカテゴリが他のカテゴリとどのように結び

---

12)　Shaffer 2018.

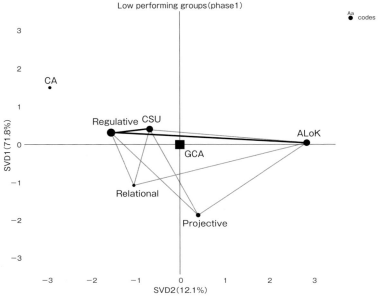

図 8-4　学習初期の学習成績低群の認識ネットワーク

ついているかです．成績高群は低群よりも，他の多くのカテゴリと繋がっていることがわかります．これは，学習成績高群の生徒たちは，自分たちが行うべき活動の内容を適切に網羅できていることを示しています．

こうした定量的な分析が提供するのは，定性的分析で明らかになったことをより一般的に結論づけたり，定性的な分析では見えづらい事柄に光をあてることです．今後の行動情報学では，定性と定量の異なるアプローチをうまく統合しつつ分析を進めていく必要があり，それを目指した新しい取り組みが最新の研究では報告され始めています．

8.5　まとめ

この章では行動情報学において，人間の行動，特に集団の知性の成り立ちと学習をどのような分析手法で明らかにできるのか，具体例をもとにご紹介しました．現代社会では，私たちの周りいたるところでこれまで以上に集団の知性＝賢さが重要視されています．この新しい賢さを，私たちがうまく培うことが

できるようになれば，これまで以上に多難な時代を乗り切り社会を強いものにしていくことができるでしょう．

第3部

行動情報学とデータサイエンス

9 人間行動と社会の
データサイエンス

　ここまで，一人の人間行動の緻密な分析からはじめ，個人と個人のコミュニケーションの様態，そして数人から十数人，数十人の集団内の相互作用に関するデータサイエンスについて述べてきました．本章では，集団を超える社会規模（数万人・数十万人・数百万人・数千万人・数億人・数十億人）の「人々」の行動を分析することを考えます．このような巨大な人々の行動は，果たして分析が可能でしょうか．また，可能になったとして，どのような行動が，どの程度のコストで分析できるでしょうか．

　上の問題への回答を述べるために，本章では，伝統的な社会調査に基づく手法と，近年の情報社会の発展によって可能になったデジタルデータの分析手法を対比的に紹介します[1]．相互の利点と欠点を述べた後に，実践的な場におけるデータの活用について述べ，次章以降の第4部につなげます．

9.1　伝統的手法に基づく大規模データサイエンス

9.1.1　国勢調査と人間行動

　日本における最も大規模な社会調査は，5年に1度の頻度で行われる国勢調査でしょう．なお，調査頻度や調査項目は異なりますが，国勢調査に相当する調査は諸外国でも行われており，人口・住宅センサス（Census）と呼ばれています．こういった特定の国における人々の生活に関する調査の歴史は古く，

---

1)　同様の議論として，Salganik 2017.

9.1 伝統的手法に基づく大規模データサイエンス 93

図 9-1 国勢調査でわかる行動データのイメージ

国連も含めて様々な組織団体から，各国に対して実施の勧告や支援がなされています．

日本の国勢調査は外国籍の人も含め，日本に在住するすべての人を対象に行う全数調査です．実際には全数回収は出来ていませんが，一般的な社会調査の回収率が 2〜5 割であるのに対し，国勢調査の回収率は 7〜8 割程度と非常に高いものとなっています．総務省統計局によれば，2020 年に実施された国勢調査の経費は約 730 億円であり，その前の 2015 年の国勢調査は約 720 億円でした．国勢調査は世帯単位で行われています．2020 年の世帯数は約 5000 万弱と考えれば，1 世帯当たりの調査費は約 1500 円前後となります．この金額を「意外と安い」と思う人もいるかもしれませんが，そうは言ってもやはり総額はなかなか高額です．

では，国勢調査は「人間行動」に関する調査でしょうか？　もちろんその答えは Yes です．国勢調査の各項目からはたとえば，以下のような生活に関わる様々な人々の選択を知ることができます．

- 住居：「住居の種類」から持ち家か賃貸かの選択
- 婚姻：「配偶者の有無」から婚姻したか否かの選択
- 出産：「世帯主との続柄」「出生の年月」から，その世帯における出産に関わる選択

- 育児：「教育」から各世帯人員が受けた育児に関わる選択
- 移動（広範囲）：「現在の場所に住んでいる期間」「5 年前にはどこに住んでいましたか」から転居に関わる選択
- 移動（局所的）：「従業地又は通学地」と「従業地又は通学地までの利用交通手段」から日常的な移動に関わる選択

　上記のような選択の結果を，居住地や年齢などの属性に関わる情報と結びつけることで，環境（入力）と行動（出力）の関係，すなわち「人間行動」に関わる情報を得ることができます．ただし，国勢調査のデータから，細かい「人間行動」の分析を行うことには限界があります．国勢調査票は A4 用紙 1 枚の表裏で収まっていて，質問項目も全部で 16 件前後と決して多くありません．集計すれば，たとえばこの地域では院卒は何人，大卒は何人，高卒は何人，のようなことがわかります．しかし，なぜこの地域は大卒が多くて，あの地域は高卒が多いのかはわかりません．あるいは社会で求められている「高度職業人」につながる大学院卒を増やすために，どのような手段が有効かなどの方法を知ることもできません．要するに，行動の結果や分布を知ることはできても，行動の原因を分析するにはデータが足りないのです．言い方を変えれば，What が分かっても，Why と How を知ることが難しいということになります．
　であれば調査項目を増やせばよいと考える人もいるかもしれません．項目を増やすことができれば，多数の項目間の相関係数から重要な軸を抽出する主成分分析（7 章における次元削減と関連した手法）や，変数間の複雑な因果関係を検討する回帰分析などを行うことができます．そのような高度な分析手法により，行動の背後にある原因に迫ることができそうです．しかし，調査項目を増やせば増やすほど，調査票の準備や回答にコストや時間が掛かり，回収率が低下してしまいます．このように，社会調査は常にデータの質と量と予算の天秤に悩まされます．

9.1.2　国勢調査の活かし方

　上記のように国勢調査は，人間行動に関する情報を含みつつ，大きな制約があることがわかります．それでは，このような限定的な情報しか得られない国勢調査を，どのように社会に役立てることができるでしょうか．以下に国勢調

査を活かす簡単な例を示します.

避難計画の立案

たとえば,地震や台風が生じた際の自治体の避難計画を立てたいと考えたとします.そのようなときには,その地域に住んでいる世帯の特徴を把握することが非常に有用です.そこには乳幼児が何人いるのか? 高齢者が何人いるのか? これらの情報を知ることができれば,たとえば被災時に救援物資が届くまでの1週間にミルクやおむつの備蓄をどの程度用意すればいいのか,被災時の高齢者の健康ケアのためにどの程度の人員が必要なのか,といったことをあらかじめ想定できます.

国勢調査に頼らなくても,自治体が持つ住民票データを活用すればこのようなことはわかると考える人もいるかもしれません.しかし,日本には,転居しても住民票を移さない市民がいるという問題があります.また,住民票データのみでは,夜間は自宅にいるけど,昼間は自宅ではなく職場にいる人を把握できません.こういった問題を考えると,昼間に災害が起きた場合の避難計画を考えるために,国勢調査の昼間人口を参照する意味は十分にありそうです.

社会における移動手段の最適化

世界の潮流に合わせ,最近の自治体では,二酸化炭素の排出量を削減するための対策（カーボンニュートラル）を推進することが,しばしば求められます.その一環として,路線バスとオンデマンドバスの経済性や効率性を計算し,比較するという問題を考えます.この問題を解決するためには,各自治体における交通需要を予想しないといけません.その際に有用になるのが,国勢調査の「従業地又は通学地」と「従業地又は通学地までの利用交通手段」です.これらを理由することで,各自治体における交通需要を予測し,オンデマンドバスの利点を計算するモデルを構築することができます.さらに,その結果を GIS（Geographic Information System, 地理情報システム）にプロットして可視化することで,現状やモデルの予測を直感的に理解しやすくなります.

一方で国勢調査を上のような問題に適用する場合には,以下のような問題を考慮する必要があります.

- **データのリアルタイム性の問題**:

国勢調査の実施は5年ごとです．また，集計にも時間が掛かります．そのため，分析できるのは常に「過去」のデータであり，「現在」とは異なります．なお，この問題は6章ではデータの「時間的変化」として触れました．

- **個別データへのアクセスの困難**：
  国勢調査の結果は，e-Stat と呼ばれる専用のサイトで公開されています．そこでは，地域別，年齢別，産業別などに集計された合計世帯数や人数が参照可能です．しかし，6章でもあげた「プライバシーの問題」や防犯的な理由で，国勢調査の結果を詳細な世帯個票レベルで得ることはまずできません．××市の○○町に年収の高そうな医者が沢山住んでいることが分かれば誘拐事件を誘発しそうですし，△△町に遠方に通勤する単身世帯が多いと分かれば，空き巣のプロが大勢押し寄せそうです．

9.1.3 予測やシミュレーションによる社会調査の補完

上記のリアルタイム性の問題について，様々なデータサイエンスの手法により解決しようとしている研究者もいます．たとえば「過去」のデータから「現在」のデータを推計する技術です．過去の傾向から，この1年でどれぐらいの人が亡くなり，生まれてくるのか，どのような人がこの街に転入したり，転出したりするのか，為替や産業の景気からどれぐらい人が就職・転職・失職するのか，どれくらいの外国人が入国して出国するのか．これらを推定するための様々な方程式やアルゴリズムが研究開発されています．

個別データへのアクセスに関する問題も，世帯レベルの個票データを仮想的に生成する研究が行われています．そのような研究のなかには，5章で述べた生成AIのような機械学習を用いるものも含まれます．いずれにせよ，データを処理する様々なアルゴリズムを導入することで，その仮想データの統計値を国勢調査の統計値に合致させることもできます．本物ではありませんが，それに近いデータセットを作り出すことができます．

こういった個人に対応するデータを推計すると，どのような良いことがあるでしょうか．それは，仮想データを用いた地域社会のシミュレーションができることです．シミュレーションモデルを構築するためには，詳細な市民の行動モデルを構築する必要があります．そのためには国勢調査に加え，個人の行動

に関する詳細なデータを使います．以下のようなデータを国勢調査のデータと組み合わせて利用することができます．

- **国勢調査以外の社会調査データ**：
  国勢調査以上の規模の社会調査データは存在しませんが，サンプル数は小さくもより細かい情報を収集した社会調査データが存在します．総務省統計局の国民生活時間調査や NHK の国民生活時間調査などが該当します．

- **人の移動に伴って蓄積されるデータ**：
  携帯電話の電波，あるいは携帯電話に備え付けられた GPS データが集積されることで，社会全体のなかでの人の移動を示すデータが得られます．

- **公的サービスの利用や購買活動に伴って蓄積されるデータ**：
  上記の物理的な行動に関するデータに加え，社会生活に伴うデータを，事業者や公的機関から入手可能なことがあります．たとえば移動に関しては，電車やバスの利用履歴に関するデータを得ることもできます．また，保険診察の診療報酬明細書（レセプトデータ）があれば国民の健康状態の把握や必要な医療リソースの推定が可能になります．

　上記のデータはそれぞれ，利点もあれば欠点もあります．社会調査データには，規模や詳細さの点で限界があります．また，社会調査は，人間によって回答されるものです．そのため，自身をよりよく見せる意図や，記憶違いや誤解などによって，データが歪められる可能性を否定できません．その点に関して，下 2 つについては，より正直な個人の行動の実情を探ることが可能になりそうです．ただし，意図をせずに記録されているという意味で，個人情報保護に関する社会的な議論や合意が必要となります．

　このように，個別のデータには，それぞれ利点と欠点があります．であるからこそ，多様なデータを組み合わせることが，地域の状態の背後にある Why を知り，避難計画やオンデマンドバスの最適化などの How に関する手がかりを得るために重要になるのです．

9.2 Webを対象としたデータサイエンス

　ここまでに述べた大規模社会調査は，多額の費用がかかる，フレッシュなデータではない，などの問題点がありました．一方で，携帯電話の電波や公共サービスの利用履歴など，社会生活において記録されるデータには，その利用に関して本人の承諾の問題があります．これらの問題をなんとかし，社会レベルの大規模な行動の分析を可能にする妙案はあるでしょうか？　この問いに対して，インターネット上に人々が進んで提供しているデータを用いて，社会の実態を把握する方法を考えます．このような方法は，計算機科学と社会科学を融合させる計算社会科学と呼ばれる分野と密接に関係しています．

9.2.1　ソーシャルメディアのデータサイエンス

　皆さんはX（旧Twitter），Instagram，Facebook，YouTube，TikTokを利用したことはあるでしょうか．2023年の世界シェアナンバー1のソーシャルネットワーキングサービス(SNS)と言えばFacebookですが，その利用者数は約25億と途方が暮れる数です．そこには様々な人間行動の記録や考えを綴ったエッセイが溢れかえっています．そのデータを分析することが出来れば，「安価」で「現在」の人間の行動にたどり着くことができるではないか？　と考える科学者もいます．自ら他人に対して調査する必要がなく，勝手にデータを投稿してくれるので，楽そうです．

　たとえば，ちょっと前に世界中の皆さんを困らせた感染症がありました．これからも様々な新型感染症が出てくるかもしれません．なにかの感染症の流行状況を知るために，利用者の行動が記録されているSNSデータは役立ちます．日本語ならたとえば「熱出た」「病院行った」「休んだ」などのキーワードを抽出し，その量を時系列で分析比較することで，リアルタイムの流行状況をある程度把握できるかもしれません．

　さらに，発症したと思われる利用者を推定し，その利用者の過去のログを追跡することで，「どこどこのコンサートで推しに会えた」「どこどこのレストランで飯食った」「どこどこの山を登った」など，いつ，どこ，誰に会って，何をしたか，をある程度分析できます．このようなデータを使うことで，データ

9.2 Webを対象としたデータサイエンス　99

図 9-2　SNS のイメージ

アナリストは感染症の専門家と一緒に，社会構造の弱点や感染爆発の閾値などを分析できますし，どのような施策は有効なのかを検討できます．

　しかしSNSデータにも様々な問題があります．まず，取得できるデータは多いけれど，玉石混交で有用な情報が含まれているとは限りませんし，無駄な情報が投稿されないとも限りません．発信される情報は限定的で，発信者にとって都合良く歪められることも多いものとなっています．たとえば，同じ職場の人に見られる可能性があるのであれば，会社が多忙な時期に有給取って同人誌即売会に行ったことをSNSに投稿することを躊躇する人も多いでしょう．本心を語ると不利益になったり，炎上しそうになるのであれば，敢えて沈黙を保つ利用者も少なくありません．SNSに対してデータ分析するのであれば，これらの可能性を考慮しなければなりません．これは，大規模社会調査において指摘した問題（人間の意志が関与することによるデータの歪み）とも関連するものであり，人間行動をデータ化する際の本質的な問題といえます．

　一方で，SNSにはSNSに固有の問題もあります．それは，SNSにおいて生じる行動と現実の行動の差異に関することです．SNS利用者は，他者の影響を受けたり，他者の称賛を求めたりする行動を行う傾向が高いと考えられます．この傾向を背景とし，仲間内で多数派を占める意見が増幅する「エコーチェン

バー」や，インターネットにおける情報提示のアルゴリズムによって個々の
SNS 利用者にとって見たくない情報が遮断される「フィルターバブル」など，
特徴的な行動が指摘されています．つまり，ネット上では現実とは異なるパー
ソナリティを持ち，現実社会と異なる行動を行う人もいるといえます．そのた
め，サイバー空間の行動分析を行いたい場合はともかく，フィジカル空間の行
動を分析したい場合に SNS のデータサイエンスを考えている時は，慎重に進
める必要があります．

9.2.2　Web サービスのデータサイエンス

　SNS 以外にも，Web 上の行動データを分析する事例は多く存在します．代
表的なものは，自社商品の宣伝を目的としたプロモーションサイト，Amazon
や楽天などに代表されるショッピングサイトなど，商用目的のサイトやサービ
スに対するデータ分析です．これらのデータ分析は，本書の第 4 部で扱うマネ
ジメント的な行動情報学と密接に関連します．データの分析を行うことで，売
上や利益を向上させることができるため，研究開発が盛んです．

プロモーションサイトにおけるアクセス解析

　プロモーションサイトを対象としたデータ分析に，アクセス解析というもの
があります．たとえば新車を紹介するメーカーの Web サイトを例として考え
ましょう．このサイトに利用者はどこから来たのかを分析します．車情報サイ
トなど他の Web サイトなのか，Youtube や TikTok などの動画サイトで掲載
した広告のリンクなのか，タイアップした車系 YouTuber や VTuber 経由な
のか，といったことを分析することでマーケティング戦略の策定に役立てます．
　あるいは，検索サイトから来た時はどのような検索キーワードを使ったのか
を分析します．車種名なのか，メーカー名なのか，EV などの機能名なのか，
CM に出たタレントの名前なのか，燃費などの性能面なのか，SDGs（Sustain-
able Development Goals）や ESG（Environmental, social, and governance）など
環境に関わるキーワードなのか．これらを分析することで，製品のターゲット
を明確にしつつ，ターゲットにアピールできるようにサイトを改善できます．
これら検索による PV（Page View，ページの閲覧回数）を向上させる施策は
まとめて SEO（Search Engine Optimization，検索エンジン最適化）と言いま

す.

　そして，Web サイトに到達した後の行動も，同様にログに対して分析を行うことができます．Web ブラウザの Cookie 機能などで利用者を特定し，どのページからどのページに移動したのか，それぞれのページにおおよそ何分滞在したのか，どのページで Web サイトから離脱したのか，具体的な資料請求やショールームの予約など，購買につながる行動を行った利用者はどのようなページ遷移をたどったのか．これらのページ間の関係を可視化したり，あるいはページ遷移を説明する確率的な行動モデルを構築することができます．それによって利用者の行動パターンを知ることができ，改善するべきユーザインタフェースやページデザイン，リンクの場所やボタンの大きさなど，売上を伸ばすための施策を検討できます.

ショッピングサイトにおけるリコメンデーション

　ショッピングサイト，いわゆる EC(Electronic Commerce)サイトに関しては，より直接的に購買意欲を高めるためのデータ分析を行います．Amazon や楽天市場などの EC を利用したことがあるなら，「人気の商品」「オススメ商品」や「よく比較される商品」，「一緒に購入される商品」を見て，思わず買ってしまったことがないでしょうか？　これらの機能はショッピングサイトの閲覧ログや購買履歴などのデータを分析することで実現出来ます.

　人気商品の分析については，一定期間内で売上が高い商品を表示することがありますし，売上が急上昇した商品を表示することもあります．いずれにしても販売個数や金額を所定の期間で集計して並べ替えれば簡単に出せます．ただし，たとえばアパレルやコスメの販売サイトのようにある程度，客層を想定できる場合はともかく，Amazon のような品揃えが極めて豊富で客層も広い EC サイトでは，普遍的な人気商品を表示しても，興味関心がなければ買ってくれません．たとえば，流行りのファッション小物に関心を持つハイティーンの女性利用者に対して，中年男性に大ヒットしたおもしろ家電を見せてもなかなか買ってくれません．その逆もしかりです.

　多様な利用者が関心を持ち買ってくれそうな商品を見つけ出すのがリコメンデーション（オススメ＝推薦）のアルゴリズムです．リコメンデーションには多種多様な手法がありますが，ここでは利用者間の類似に注目した協調フィルタリングと呼ばれる方法を紹介します．利用者 A とよく似た利用者 B を見つ

102   9章　人間行動と社会のデータサイエンス

け出して，その利用者Bが購入した商品を利用者Aに薦める手法です．もし
購入履歴にオムツと粉ミルクと時短コスメがある利用者Aと，ビールとオム
ツと粉ミルクを購入した利用者Bと，えんぴつと消しゴムとビールを購入し
た利用者Cがいるのであれば，それとなく直感で利用者Aと利用者Bが「似
ている」と思いませんか？　であれば，利用者Bに時短コスメをオススメし
たり，利用者Aにビールをオススメしたら，買ってくれる可能性がありそう
です．

　直感ではなく，たとえばユークリッド距離という手法で計算した場合，以下
の表のような結果になります．表9-1は上で述べた3名の利用者の購入履歴を
まとめたものです．この購入履歴から，表9-2のように利用者と商品をかけ合
わせた表を作ります．表の中の数字は，各利用者が各商品を購入した数を表し
ています．このような表の各行（利用者）は，商品を次元とした多次元のベク
トルとみなすことができます．そして，ベクトル同士は，式に示したユークリ
ッド距離のような手法で，近さを測ることができます．表9-3を見ると，利用
者Aと利用者Bの「距離」は他の利用者間距離よりも近いことが分かります．

　データとアルゴリズムによる「似ている」の判定は，上で述べたように購買
履歴を利用することもできますし，商品評価を利用したり，利用者プロファイ
ルを併用することもできます．いずれにしても，何らかの行動や属性に関わる

表9-1　購入履歴

	購入履歴1	購入履歴2	購入履歴3
利用者A	おむつ	粉ミルク	時短コスメ
利用者B	ビール	おむつ	粉ミルク
利用者C	えんぴつ	消しゴム	ビール

表9-2　購買商品のベクトル変換

	おむつ	粉ミルク	時短コスメ	ビール	えんぴつ	消しゴム
利用者A	1	1	1	0	0	0
利用者B	1	1	0	1	0	0
利用者C	0	0	0	1	1	1

利用者Aと利用者Bのユークリッド距離計算
$$\sqrt{(1-1)^2+(1-1)^2+(1-0)^2+(0-1)^2+(0-0)^2+(0-0)^2}=1.414$$

表9-3 ユークリッド距離まとめ

	利用者 A	利用者 B	利用者 C
利用者 A	—	—	—
利用者 B	1.414	—	—
利用者 C	2.236	1.732	—

データをベクトル化することができれば，その「距離」や「類似度」を測ることで利用者間の類似度を知ることが出来ます．利用する行動データは様々で，ユークリッド距離を用いて距離を測る手法だけではなく，たとえば，コサイン類似度など，沢山あります．また新しい技術を活用した手法も開発されています．どんなデータにどんな手法を組み合わせると良いかはケースバイケースです．

9.3 まとめ

　本章では社会レベルのデータ分析の手法として，旧来的な社会調査と Web データを用いたものを示しました．いずれの手法についても一長一短があるため，現状では様々なデータを対象とした分析を組み合わせる必要があります．このような多様なデータを組み合わせる必要は，本章におけるこれまでの分析（たとえば前章における定性データと定量データの関係）においても触れてきたことです．

　ただし，現状で限界があるとはいえ，インターネット上でのビッグデータを用いた社会レベルの分析には，社会を変革する大きな可能性があることも読み取れると考えています．本章の最後の話題に示されるように，ビッグデータのなかでは，お互いに全く知らない利用者同士が，距離の近いデータとして扱われます．これによって，物理的な空間では生じ得ない社会的な影響がインターネットのなかに生まれます．

　このことの社会的な影響は，リコメンデーションアルゴリズムを適用する対象を SNS に設定することでわかりやすくなるかもしれません．SNS におけるリコメンデーションは，類似した利用者の推薦，あるいは類似した利用者のコメントの表示という形で行われます．これによって，全く知らなかった人同士

第3部 行動情報学とデータサイエンス

104　9章　人間行動と社会のデータサイエンス

の新たな交流が生じる一方で，本章の途中でも触れたフィルターバブルやエコーチェンバーなどの現象にも繋がります．その是非はさておき，ビッグデータに対して自動的に適用されるアルゴリズムが，我々の社会を変化させる力を持っていることは確実といえるでしょう．

　社会レベルを対象とした行動情報学が，このような力を有していることを認めたうえで，我々がどのように社会に関わっていくか．次章からは，この話題とつながるトピックであるマネジメントを扱います．

コラム 8　あなたの人生のハンドルを握っているのは誰？ リコメンデーションの功罪

　本章で紹介したリコメンデーションアルゴリズムは近年，急速に進化してきており，より多様なデータを使って，より様々なサービスで用いられるようになってきています．たとえばスマートフォンは，利用者が意識して作り出した操作ログだけでなく，位置情報や運動データなどの無意識下のログまで，365 日，24 時間収集し続けています．こうしたデータを用いて，Web 閲覧時のページの内容や検索エンジンの検索結果が，個人化（パーソナライズ）されることは，いまや当たり前になっています．

　古典的なリコメンデーションアルゴリズムは，「この商品を買った人は，この商品も買っています」と商品を推薦したり，「このキーワードで検索した人は，最終的にこの情報にたどり着きました」と Web サイトを推薦してきました．最近では，このようなアルゴリズムが，生活のいたるところに入り込んできています．たとえば，ソーシャルメディアでは，「この人と友達になってみませんか？」と，交友関係をアルゴリズムで推薦してきます．さらには，多くの就職支援サイトでは，こういった行動ログをもとに，職業や企業を推薦してくることが一般的です．交際や結婚を促すマッチングアプリでも，アルゴリズムが推定した相手を推薦するようになってきています．

　買いたい商品や調べ物の内容だけでなく，友達や職業，結婚相手といった人生そのものまで，行動情報を用いたアルゴリズムが決定する時代が実現されつつあります．現代社会は，「あなたはこの職業に就いたらどうですか？」，「あなたはこの人と結婚したらどうですか？」と，企業が作った営利目的のアルゴリズムが，あらゆる人々の人生を決定づけるようになってきています……本当に自分の人生を，アルゴリズムに任せていいのでしょうか？

　もちろん，こういったアルゴリズムは便利で，生活を豊かにしてくれます．一方で，自分の意志や，偶然や運命ではなく，アルゴリズムが人生を決定することには，怖さもあります．この問題に正解はありません．しかし，このような時代に，自分のどのようなデータが収集されて，どのようなアルゴリズムが人生に介入してくるかを知っておくことは，とても重要なことです．

9.3 まとめ   105

　自動車のハンドルを握るためには，自動車学校で車の仕組みを学ぶことが一般的です．自分の人生のハンドルを握るために，行動情報学を学ぶことは，もしかしたら，とても重要なことかもしれません．あなたの人生のハンドルを握っているのは，あなた自身でしょうか？　それとも，行動情報アルゴリズムでしょうか？　高度で便利な情報化社会における日常生活ではありますが，ふと立ち止まって，自分が本当に自分の人生のハンドルを握れているか，本書を読み終えた後で，振り返ってみるとよいかもしれません．

第3部　行動情報学とデータサイエンス

第4部

行動情報学とマネジメント

10
マネジメント視点で見る
行動情報学

　本書では，これまで行動情報学を構成する情報システムやデータサイエンスについて，その基本となる考え方や手法を紹介してきました．多様な内容の中にも，人間や組織によって生み出された行動情報を扱うという共通点に気づいたものと思います．本書で展開する行動情報学は，一貫して人間や組織にとっての価値を最大化する技術のあり方を追求するものであり，人間や組織の存在抜きには成り立ちません．しかし，これまでの章では，あくまでも基本的な人間の行動特性の理解（3章など），あるいは行動変容の技法（7章）を述べるに留まり，現実に我々が活動する社会のなかで，これらを実践的に利用・活用する方法は示していません．

　では，どのようにしてこれら行動情報学の基礎を我々の社会生活に役立てていけばよいのでしょうか．技術や知識と社会を結ぶために，これまでの章で欠けていた視点が「マネジメント」です．本章では，これまで紹介した考え方や技術を結びつけながらマネジメントとは何かを概観します．そして，次章以降で示す実社会における具体的な行動情報学の活用事例に接続します．

　本書で取り上げる事例は，執筆の時点で，比較的新しいものもあれば，それほど目新しくないものも含まれています．行動情報学と関連する近年の技術発展を念頭に置くと，最新の事例だけを取り上げることも可能ではありますが，本書では，あえて比較的古い事例も取り上げました．その理由は，最新のトレンドばかりに目を奪われるのではなく，きちんと行動情報学の本質をつかんでもらうことを願っているからです．もちろん新しい事例には発展性や可能性を示すたくさんの魅力が詰まっていますが，過去の事例からも物事を本質的に考えるための重要なメッセージを読み取ることが可能です．本書では，一貫して

このようなスタンスで行動情報学を示してきました.

10.1　マネジメントとは何か

　マネジメントという言葉を聞いて何を思い浮かべるでしょうか. 会社や組織の経営・運営といったものを思い浮かべる人もいれば, 芸能人やスポーツ選手あるいは部活動の日常の動きを支援するマネージャーなどを思い浮かべる人もいるでしょう. いずれの例についても, この言葉が想起される場面では, その場に流されるのではなく, その場に働きかける人間や組織の「意思」あるいは「努力」が存在することに気づきます.

　さて, マネジメント(management)を日本語に訳すと一般的には「管理」という訳語があてられることが多いです. この言葉は, アルゴリズムについて説明した2章でも用いられた言葉ですが, そこでは明確な意味を定義していませんでした.「管理」とは何でしょうか. また,「統制」という言葉に似たようなイメージを抱く人もいるかもしれません. それでは「統制」と「管理」は, どのように異なるのでしょうか. これまでの章との関連も意識しながら考えていきます.

　マネジメント, つまり管理とは, 計画・組織化・命令・調整・統制を行うことです. 図10-1 および以下に, 各要素を説明します.

- **計画**：

　何かの物事・企てを行うときには, 計画を立てる必要があります. その際には, 現状をきちんと把握したうえで, 様々な関連事項との整合性を採りつつ, 目標設定や実現可能な手段を採用する必要があります. ここで, 現状をきちんと把握するためには, 情報収集が必要で, 第3部で述べたようなデータ分析の方法が, 手段の立案に有用になることもあるでしょう. また, ある目標に対して適切で実現可能な手段を確保するためには, 2章で述べたような問題解決の過程を数学的に解析する知識（アルゴリズム）が必要になります.

- **組織化**：

　計画の実現に向けてヒト・モノ・カネといった経営資源を調達し, それぞれの整合性を調整していくことを指します. モノの中には, 効果的・

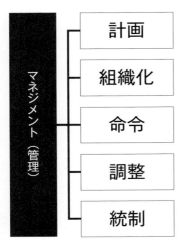

図 10-1　マネジメントとは

効率的に計画を実現させるための情報システムも含まれます．また，実効性の高い組織を作るために，認知科学などにおける人間行動のモデルを利用し，9章にて述べたような組織シミュレーションを行ったり，あるいは8章に示したようなネットワーク科学に基づく分析を行ったりすることも有効に働くでしょう．

- **命令**：
  明確な指示を構成員に対して与えることにより，組織パフォーマンスを発揮できるように仕向けることです．ここには命令をあたえる人と，命令を受ける人の間にコミュニケーションが必要です．このコミュニケーションの際には，オンライン会議システム，メール，SNSといったインターネットを用いた情報システムなどが有用になることもあります．これらのコミュニケーションメディアを有効に使うためには，7章で紹介したような行動情報に基づくインタラクションデータの分析技術が有効になると考えられます．

- **調整**：
  計画や企画の実現に向けて，人や組織の調和の達成と維持を行うことです．このような調整のためには，組織の中での意思統一，あるいは行おうとしていることに対する共通の認識をもつことが必要です．そのための手段として，4章にて示したようなモデリングの言語を利用すること

も有効でしょう.

- **統制**：

  マネジメントの最後の要素が，先述した統制です．統制とは，計画や企画通りに，正しく推進できるようにすることです．このためには，計画や企画通りに物事が実行されているかを把握する必要があり，情報収集やデータ収集が必要不可欠です．この際に，行動情報学の基礎を形成する知識（行動特性に基づく設計，アルゴリズムやモデリング，機械学習）は，その作業を効率化するのに有用です．また，収集された情報やデータは正しく分析され，評価される必要があります．この際に，6章で示した行動情報をモニタリングする技術が役立つこともあるでしょう．そして，万一，計画や企画の通りに物事が実行されていない場合は，対策を立案し，それを実行することによって軌道修正を行い，問題解決を行っていく必要があります．このように「統制（コントロール）」は「管理（マネジメント）」の一部分でしかなく，「管理（マネジメント）」のほうがより広い概念であることがわかると思います．

10.2 データ・情報・知識

本書ではこれまでに特段の断りなくデータや情報という用語を用いてきました．また，これらと似た文脈で使われる言葉に知識がありますが，知識とデータ，情報はそれぞれどのように異なるのでしょうか．ここでは，マネジメント分野の文献に基づくことで，これらの言葉の意味の定義を述べ，相互の関係を議論することにします．

データ．この言葉を辞書『デジタル大辞泉』（参照日：2025年1月30日）でひくと，

1. 物事の推論の基礎となる事実．また，参考となる資料・情報．「データを集める」「確実なデータ」，
2. コンピュータで，プログラムを使った処理の対象となる記号化・数字化された資料．

などと出てきます．この説明では，データ・情報・知識の違いを知りたいのに，「データ」の説明の中に「情報」という言葉が出てくるので，混乱してしまい

ます.

これに対して，神沼[1]はデータ・情報・知識の違いを明確にする前提で，データを，「客観的事実を表すものとして使用され，現象を測定した数値データ，文章による記述，音声，画像，映像などを表すもの」と定義しています．つまり，データとは，事実を客観的な方法で観察・測定し，それを数値などで表現したものと考えられます．

たとえば，ある年の8月4日の最高気温は30℃，8月5日は26℃，8月6日は34℃で，あるコンビニエンスストアのアイスクリームとシャーベットの販売個数は，それぞれ順に，8月4日が30個と80個，8月5日が70個と55個，8月6日が40個と90個だった，といったようにあらわすことができます．

情報．同じく辞書に，情報は，「ある物事の内容や事情についての知らせ．文字・数字などの記号やシンボルの媒体によって伝達され，受け手に状況に対する知識や適切な判断を生じさせるもの」と書いてあります．これに対し，神沼は「受け取った人に役立つデータ．送り手が受け手に役立つような意味を付与して伝達するもの」と定義しています．すなわち，データに意味を付与したり，解釈を加えたものが情報であると考えられます．

たとえば，前述の例に付け加えると，ある年の8月4日の最高気温は30℃で「暑く感じた」，8月5日は26℃で「昨日より涼しかった」，8月6日は34℃で「耐え難い暑さだった」，といったように，カギ括弧内のように意味や解釈を付け加えたものと言えます．同様に，アイスクリームとシャーベットの販売個数についてはそれぞれ順に，8月4日が30個と80個で「シャーベットのほうがよく売れた」，8月5日のアイスクリームの販売個数は70個で「昨日と比べてよく売れた」，などです．

知識．辞書のなかで知識は「知ること．認識・理解すること．また，ある事柄などについて，知っている内容」と記載されます．これに対して，神沼は，知識を「情報の受け手が情報を自分の中に体系的に蓄積したもので，受け手の行動に影響を及ぼす」と定義しています．つまり，情報を何らかの形で体系的に整理し，それを何らかの判断や行動に役立てられるようにしたものであると考えられます．

たとえば，これまでに述べてきたあるコンビニエンスストアにおけるアイス

---

1) 神沼 2006.

10.2 データ・情報・知識　　113

表10-1　行動情報学におけるデータ・情報・知識

「データ」の用例	・自動的にサイバー空間にデータ化【はじめに】 ・心拍や脳波など外に現れない人間行動の背後に存在する客観的なデータも，簡単で安価な装置によって，電子的に記録【はじめに】 ・行動主義の立場の心理学者たちは，人間の行動（刺激と反応の組み合わせ）を科学的なデータとして記録【1章】 ・人間の行動データからのボトムアップ的な学習【5章】 ・行動は人間を知るための貴重なデータ【6章】
「情報」の用例	・情報という形のないもやもやとしたものが，個人の頭や個人と個人の間，個人が集まった社会の中に存在【はじめに】 ・スマートフォンなどを使ってインターネットにアクセスし，主体的に情報を入手【コラム4】 ・情報は人間が人間を変化させる手段【はじめに】 ・コミュニケーションという言葉は，情報あるいは信号の伝達を意味【7章】 ・同じ意味を持つ情報でも表現の仕方の違いで異なる影響を意思決定に及ぼす【7章】 ・取得出来るデータは多いが，玉石混交で有用な情報が含まれているとはかぎらない【9章】
「知識」の用例	・学問とは，社会の中で皆が使える知識を蓄えていく共同作業【1章】 ・アルゴリズムは知識を持った人間がコンピュータを使いこなす（管理する）ための大きな武器【2章】 ・人間の行動に関する知識に基づいた設計【3章】 ・そのような「当たり前」を作る知識を体系化する【3章】 ・科学とは，「一定の目的・方法のもとに種々の事象を研究する認識活動．また，その成果としての体系的知識」【6章】 ・集団自体が学習し，知的な人格を持つという考えにたち，新しい商品やアイディアを作り続ける「知識創造型企業」【8章】

クリームとシャーベットの販売個数と最高気温の関係性を見てみると（もちろん，前述のような限られたデータで一般化することは不可能ですが，これらのデータや情報を蓄積して分析することによって），最高気温が30℃を下回る時にはアイスクリームのほうがよく売れ，30℃を上回る時はシャーベットのほうがよく売れ，最高気温が30℃を境にアイスクリームとシャーベットの販売個数が逆転する[2]といったような人間の行動特性に関する知識が得られるので

――――――――――
2）　実際のデータに基づく詳細なデータ分析の結果は28℃であるが，ここでは簡便化のために30℃とした．

す．この知識があれば，あるコンビニエンスストアで品揃えに責任を持つ店長
は，天気予報をみて，今後1週間の最高気温の予報が33℃なのでアイスクリームよりシャーベットのほうを多く店頭の冷凍庫に陳列しておく，といったような科学的根拠に基づく意思決定ができるのです．

なお，表10-1は，本書におけるこれまでのデータ・情報・知識の用例を示しています．上記の用語の定義を参照しながら，本書を振り返ることで，改めて行動情報学の全体像が明確になるのではないでしょうか．

10.3　データ・情報・知識とマネジメント

前節で述べたようなデータ，情報，知識の関係は，本書におけるこれまでの章でも議論されてきたものです．たとえば，1章では，知識を上位，データを下位においたトップダウンとボトムアップのアプローチを論じました．ただし，現実の社会を俯瞰的に捉えてみると，3つの関係は必ずしもトップダウン，ボトムアップの一方向的なものではなく，繰り返される循環的なものであることに気が付きます．

一般的に，データ（特に量的データ）は収集されると，コンピュータを用いたデータベースなどに蓄積されます．蓄積されたデータは，統計解析用ソフトウエアなどを用いて分析が行われたのちに，人の手によって分析結果の解釈が行われ，情報や知識になります．その情報や知識にもとづき，企業や組織などの現実の場においてマネジメントの観点から意思決定が行われ，実践されます．さらに，その実践の過程において，データが収集・蓄積・分析され，分析結果に解釈が加えられ情報や知識になる，といったサイクルが繰り返されるのです（図10-2）．

具体的な例として，あるコンビニエンスストアのマネジメントをデータ・情報・知識と行動情報学における基礎技術（ここでは売上データなど取り扱うPOSシステムを取り上げる）を用いて表現すると次のようになります．

コンビニエンスストアでは，経営状況を常に良好な状態に保つために，販売状況などのデータを常に収集しています．このデータは，POSデータと呼ばれ，POSシステムのデータベースに蓄積されています．このような蓄積された大量のデータを分析することによって，売れ筋商品・死に筋商品といった情

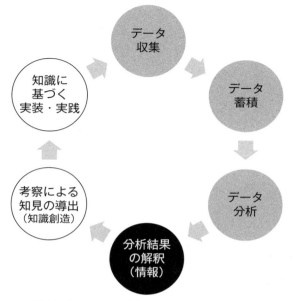

図10-2 データ・情報・知識のライフサイクル

報が分かるので,商品の仕入れや品揃えに役立てることができます.また,ショッピングバスケット分析を行うことによって,スイーツとコーヒーは併買されることが多いといった知識や,複数年のデータを統計解析することによって,摂氏30℃を境に,アイスクリームとシャーベットの売り上げが逆転するといった知識が獲得でき,店舗レイアウトや商品の入れ替えに役立てることができます.

上記の例の中には,4章で示したデータモデリング,あるいは7章において紹介したバスケット分析などの手法が示されることがわかります.このように行動情報学の基礎を統合することで,社会のなかでの人間行動のマネジメントが達成できるのです.

10.4 マネジメントと情報システム,データサイエンス

本章の冒頭で,行動情報学を構成する情報システムやデータサイエンスは,

10章 マネジメント視点で見る行動情報学

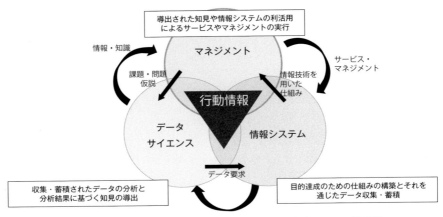

図 10-3 マネジメントと情報システムやデータサイエンスの関係性

我々の社会生活のなかでの実践的なマネジメントを通じて，はじめて価値のあるものになると述べました．ここでは，改めてこれらの関係性について整理します．

これまでの歴史を振り返ると，我々は長い年月をかけて，社会や生活を改善してきました．一つひとつの改善の背景には，社会や生活における問題や課題の背景をきちんと理解すること，問題・課題を整理・解決するための計画や企画を立案すること，そして，それらを実現できるように実行するという過程が存在します．つまりマネジメントしてきたのです．

このような問題の発見や課題の分析をより精緻なものとするためには，直感に基づく観察や分析だけでなく，認知科学や心理学に基づく人間の行動特性に関する理解，あるいはアルゴリズムや統計のような数理的な手法に基づく定量的な分析や解析が必要となります．つまり，人類が蓄積してきた学術的な知恵を理解し，使いこなす力が必要とされるのです．社会や生活のなかで得られる行動情報を精緻に分析し，その結果をマネジメントにフィードバックすることで，より根本的な問題・課題の発見や解決策が立案できます．そして，それを情報システムとして実現することで，人間の行動を変容させ，より便利で豊かな社会を構築することが可能になります．上記の関係を，図 10-3 に示しました．

10.5 まとめと展望

　これまでに，マネジメントやデータ・情報・知識，それらと行動情報学における基礎技術の関係性について概観してきました．また，コンビニエンスストアを例にこれらが具体的にどのように応用されているのかについて簡単に述べてきました．賢識をお持ちの皆さんは，これに限らずあらゆる分野において，本章においてなされた議論が適用できると気づいていること思います．以下では非常に簡便に，これ以降の章で述べる事例のエッセンスについて述べておきます．

　マネジメントに関する行動情報学も，本書の第2部，第3部と同様，個人の視点，集団の視点，社会の視点に区別することができます．いずれの視点もマネジメントの主体（主語）は企業やそこで働く人です．ただし，マネジメントの対象（目的語）の大きさが異なっています．

　個人の視点は，企業側による個人の行動への働きかけに焦点を当てます．企業は，個人（顧客）に対して，商品あるいはサービスを開発し，提供するによって働きかけます．そして，その働きかけの成否，つまりどれだけ売れたかは，商品あるいはサービスの品質を一因として定まります．品質の向上は，企業による日々のたゆまぬ改善活動や製品・商品の研究開発活動の成果によって成し遂げられます．そして，それらの改善や研究活動では，製品やサービスの品質や満足，あるいはニーズに関する情報を顧客から引き出す調査が行われています．次章では，そのような商品開発に向けて行われている行動情報学の基礎の活用の事例についてみていきます．

　集団の視点は，上記のような商品開発の背後にあるチーム活動に目を向けます．皆さんよくおわかりのように，チームを構築すれば必ず成果を獲得することができるわけではなく，チームを構成する人同士の相性であったり，コミュニケーションがチームパフォーマンスに影響を与えると考えられます．上述の商品開発に引き続き，行動情報学に関わる技術を用いて，人と人のつながりを可視化し，相性の良い人を集めたチームを組織化することによってチームパフォーマンスを向上させる方法を提案します．

　本書の最後で示す事例は，社会全体における行動変化です．本書の冒頭でも述べましたが，技術の進歩による社会の変化は，いまや世界の多くの人の関心

第4部 行動情報学とマネジメント

ごとになっています．すでに新鮮味の薄れた事例ではありますが，インターネットやスマートフォンのような社会における情報を媒介する技術が，人々のコミュニケーションスタイルや生活における多様な行動を大きく変えたということは周知のことです．また，スマートフォンの普及によって，QRコードを表示させることによって支払いなどを行うことができるキャッシュレス決済も広く浸透し，生活に必要不可欠なインフラとなりつつあります．また，2020年から3年以上におよぶ新型コロナウィルス感染症の拡大に伴うパンデミックを通じて，リモートワークやリモート授業が普及しました．これを支えたのがオンライン会議システムで，パンデミックが終息した本書を執筆している2024年現在においても，仕事を遂行するのに必要不可欠なツールになっています．この時期に日本でも流行になったのがオンラインフードデリバリーサービスで，顧客がスマートフォンなどから注文を行うと注文を受けた配達員が店舗で料理を受け取り，顧客が指定する場所まで配達してくれるサービスです．

　これらはいずれもイノベーションといわれます．イノベーションは，新しい技術などの発明や発見，開発だけでなく，社会や生活に浸透し，多くの人々の行動を変化させるものです．イノベーションによる行動変容を起こすためには，新しい技術や発明・発見などを社会に浸透させるための過程をきちんと計画・企画し，それを世の中の実情に合わせてきちんとマネジメントしていかなければなりません．いかに優れた技術や考え方，アイディアであったとしても，世の中の人々がその利点を認識したうえで受け入れないと，イノベーションは普及しないのです．今後の社会の進展を見極めるためにも，本書の最後にて，日本におけるスマートフォンを用いた決済の普及について行動情報学的な視点で考察します．

11
行動情報学による商品開発

　本書の第2部では，問題解決を効率化する道具としての情報システムを対象とし，開発の技法を紹介しました．人間の行動特性から導かれる原則，あるいは顧客の要求を具体化し，開発チームの間でコミュニケーションを円滑化するモデリング言語について学びました．また，本書の第3部，とくに6章や7章では，個人の行動データから，情報システムの開発に有用な行動情報を取得する方法を紹介しました．本章では，それらの技術を，実際の情報システムの開発に結びつけた具体的なマネジメントの事例を示します．

　さて，企業において開発される情報システムは，道具としての側面だけでなく，商品あるいはサービスとしての側面もあります．両者の区別は後述しますが，大まかに言えば，商品はなんらかの固定的な形（CDやDVDあるいはダウンロードされるデータ）をもって顧客に提供されるもの，サービスは特定の形を持たずに顧客と取引される情報（たとえばサブスクリプションなど）といってよいでしょう．これらを開発し，顧客に提供することで，企業は利益を得ます．

　企業は利益を追求する集団です．そのため，自社が扱う商品やサービスを定めることは，企業の行く末に関わる重要な意思決定となります．それでは何を基準として，あるいはどのような過程により，この意思決定を行えばよいのでしょうか．頭に入れなければいけないことは，社会が常に変化し，私たちの生活を取り巻く環境も変わることです．環境の変化に伴って，顧客の要求も変化していくことは，想像に難くありません．そのため，組織は同じ商品・サービスを提供するのではなく，新しいものを生み出し続けないといけないのです．

　本章では，企業における新規な商品やサービスの開発に，行動情報学を活用

する具体的な事例を示します．なお，これ以降では，誤解のない場合には，新商品・新サービスの開発をまとめて新商品開発と呼ぶことにします．

11.1 価値創造経営と新商品開発の必要性

11.1.1 価値創造経営とは

先ほど，情報システムを，問題解決を効率化する道具と形容しました．実際には，情報システムにかぎらず，あらゆる商品やサービスは，顧客の問題解決（現状と望むものとのギャップを埋めること），あるいは要求（ニーズ）を満たす手段を提供しているといえます．

たとえば，自動車メーカーは自動車を製造して販売しますし，鉄道会社は電車での輸送サービスを提供しています．顧客が自動車を買ったり，電車を利用したりするのは，"今いるところから，目的地へ移動したい"というニーズがあるからです．ニーズを満たすことで，顧客の中にその商品あるいはサービスの価値が生まれます．つまり，組織は商品やサービスを通して，顧客に価値を提供しているのです．先の例の自動車や輸送サービスは，それらを通して顧客に"移動"という価値を提供しています．

このように，企業という組織は商品・サービスを提供することを通して，顧客に有益な価値を創造して提供し，それによって対価を得ます．そこから得られる利益を再投資することで，価値提供を継続し続ける経営のことを価値創造経営といいます[1]．企業は，この循環（図 11-1）を繰り返していくことが求められています．

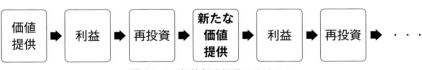

図 11-1　価値創造経営のサイクル

---

1)　棟近 2019.

11.1.2　顧客から選ばれる商品の開発

　2章では，情報システムの開発におけるアプローチを区別するために，トップダウンとボトムアップという言葉を用いました．新商品開発においても，同様にアプローチを区別する用語があります．それが，「プロダクトアウト」と「マーケットイン」です．これらの用語は，トップダウンとボトムアップという言葉と大まかに対応します．

　プロダクトアウト（トップダウンと対応）とは，企業の技術（シーズともいいます）や意向を重視する考え方です．一方，マーケットイン（ボトムアップと対応）とは，顧客の声やニーズを調査し，それを重視して商品の企画開発を行う考え方です．ここでは深く議論しませんが，どちらにもメリット，デメリットがあり，どちらのほうが優れていると断定することはできません．対象とする製品やその市場によっても，考え方は異なるでしょう．また，そもそもこれらを対立させることに異議を唱える人もいます．

　価値創造経営において，重要なことは，顧客から選ばれる商品やサービスを開発することであり，そこに至るまでのアプローチにこだわるべきではありません．かといって，何の手がかりもなしに，顧客に選ばれ，顧客にとって価値を生む商品を開発することもできません．

　価値を継続的に生むための普遍的な方法は存在するのでしょうか．これまでに顧客に選ばれる商品を作ってきた組織の例をみると，「顧客を知る」ことがひとつのポイントであるといえそうです．このアプローチは，顧客の声やニーズを調査するマーケットインの考え方と類似するものです．ただし，新しい価値を生み出すには，顧客自身も気がついていない潜在的なニーズも捉えなければなりません．そのためには，顧客からの要求をそのまま受け取るだけではなく，顧客を深く知ることが大切であり，そのときに大いに役立つのが，これまでの章で紹介されてきた行動情報学の基礎です．

11.2　人間の感性を考慮した商品開発の事例

11.2.1　感性品質とは

　みなさんは，「この商品の品質はよい」と聞いたときに，その商品はどのよ

うな状態であると想像しますか．対象とする商品が何であるかにもよりますが，多くの方は「最新の技術が盛り込まれていて，高性能である」や「高級な素材・材質が使われている」といったことを想像するのではないでしょうか．

　上のような素朴な捉え方に対して，品質マネジメントに関する学術分野では，商品が顧客の要求・ニーズに合致していることを品質がよいと定義しています．たとえば，パソコンの代わりとしてスマートフォンを使っているような人にとっては，高性能で最新の機能がたくさんついたスマートフォンを品質がよいと感じるでしょう．しかし，電話用途でしか使わない人がいた場合，同じような意見は持たず，むしろ機能が多い分，値段も高くなり，望ましいものではないかもしれません．

　この例から，品質のよしあしを決める観点として，商品の機能面やサービス面の充足だけを考えてはいてはいけないことがわかります．重要なことは顧客の要求を知ることです．そして，顧客の要求は必ずしも顧客によって意識されているわけではありません．顧客の潜在的な欲求は，3章で述べたような人間の行動特性と合致する使いやすさや，商品パッケージなどから受ける好感度などにも影響される可能性があります．このように，「商品が使いやすい」や「商品のパッケージデザインがかわいい」といった人間の五感（視覚，聴覚，触覚，味覚，嗅覚）で評価される品質のことを感性品質と呼びます（図 11-2）．

図 11-2　感性品質の一例

そして，人間の感性を評価して，商品開発へ活かす，すなわち，感性品質を高める取り組みも行われています．

11.2.2 感性品質と商品開発マネジメント

人の感性を分析して，商品へ反映する際に取り組むべきことを，前章の図10-2のマネジメントのサイクルに対応させて整理すると，次のようなステップになります．本書では，これを感性品質の向上を目的とした商品開発マネジメントと呼びます．ただし，11.1節で述べたように，商品開発の方法論，あるいは，感性品質向上の方法論はこれが唯一というわけではなく，他のアプローチ方法もあります．以下は，あるひとつの方法として，捉えてください．

■ステップ1：データの収集・蓄積

まず，人間の感性のデータを収集します．実際の顧客や今後顧客となりうる人に調査の参加者になってもらい，評価データを集めます．最もオーソドックスな評価方法は，アンケートを用いた感性データの収集です．対象となる商品の現行品や競合他社の商品などいくつかの商品サンプルを集めて，それらを見たり，使ったりしてもらったあとに，そのときの印象や満足度を評価してもらいます．感性品質の調査では，SD（Semantic Differential Method）法といって，印象や感性を表現した形容詞対を用意し，それに対して5段階あるいは7段階で評価してもらう方法がよく用いられます．その他にも，心拍のような生体情報計測技術を用いて参加者の心理状態を推定したり，脳波測定技術を感性評価へ応用したりする例も見受けられます[2]．

■ステップ2：データの分析

ステップ1で得たデータを整理し，7章で説明したような統計手法を適用することで分析を行います．利用される統計手法としては，複数の質問項目から得られたデータを少数の軸に集約する主成分分析（次元削減），項目間の関係の強さを因果関係の式として表す回帰分析などの方法が挙げられます．なお，データの分析に先立ち，参加者を事前にクラスタリングなどによりグルーピン

---

2) 山中 2021.

グすることもあります．人間の感性には，個人差があり，感性の評価データにもばらつきが生じます．同じ商品のパッケージデザインを見ても，かわいいと感じる人もいれば，そう思わない人もいるでしょう．そのときに，様々な感性を持っている参加者の評価データをまとめて分析してしまった場合には，十分に効果的な商品の特性が明らかにならない場合があります．より正確なデータ分析を行うために，同じような感性を持った参加者同士でグルーピングすることで，商品のターゲット層を明確にすることができます．

■ステップ3：考察による知見の導出

　ステップ2で分析した結果を考察し，参加者は商品のどういった側面から，使いやすさやかわいさといった感性を評価しているのかを解き明かしていきます．こうすることで，次の商品開発のときに，商品を構成する要素のうち，どれをどのように変更すればよいかを検討できるようになります．要素とは，たとえばパッケージデザインの場合であれば，メインで使われているカラーの色，文字のフォント種類や大きさ，絵や図柄などのことです．

■ステップ4：実装・実践

　ステップ3で明らかになった，どの要素をどのように変更するかという結果をもとに，次の商品開発を行っていきます．このステップでは4章にて述べたモデリングなどが有用でしょう．開発された新商品がリリースされた後には，改めて評価を行い，マネジメントのサイクルを繰り返していきます．

11.2.3　商品開発マネジメントサイクルの適用事例

　以下では，11.2.2の方法論を適用して，プリンターのタッチパネルの操作感を改善した事例を紹介します[3]．

■ステップ1：データの収集・蓄積

　この事例では，アンケートで感性データを収集しました．開発目的はタッチパネルの操作感向上であるため，参加者にいくつかのタッチパネル画面を操作

---

3)　梶原ら 2016.

してもらい，アンケートに回答してもらいます．

　通常であれば，対象商品の現行品やその競合商品を操作してもらうのですが，当時，プリンターに搭載されていたタッチパネルの性能はそこまで高くありませんでした．スマートフォンのような高性能なタッチパネルに慣れている参加者にとって，現行のプリンターを用いた調査を行ったとしても，的確な顧客ニーズを捉えることはできないと考えました．そこで，いくつかのスマートフォンのタッチパネルを操作してもらい，高度化する顧客のニーズを把握し，高性能化を目指すプリンターのタッチパネルへ反映することにしました．

　アンケート調査を行うためには，感性を評価するための形容詞対（以下，評価用語）を定める必要があります．そこで，事前の調査として，プリンター設計者や利用者にヒアリング調査を行い，そこであがった感性のワードを拾い上げて，表11-1のアンケート調査票を作成しました．

　表11-1の評価用語は，4つの階層に分けて整理しています．ここでの階層は，1章などで示した人間の行動のモデルに即しています．人間が何らかの行動に至るまでのプロセスは，（1）外部からある刺激を受けて，（2）それを知覚・認知し，（3）過去の記憶と照合しながら情緒的な吟味を行って，（4）行動するかどうかを決めると考えます．

　表11-1の4つの階層は，上記のような刺激の入力から行動選択に至るまでの過程に即しています．具体的には，（1）人間の感覚のうち，単一の感覚に対する刺激の状態を表現し，評価対象商品を構成する要素との対応がとりやすい「単感覚」，（2）複数の感覚器官で知覚する特性を表したものである「複合感覚」，（3）商品に対する印象や使い心地に対する心象が個人の記憶と結びつくことで表現される「心理的反応」，そして（4）最終的な商品の選択に反映される「総合感性」で，上記の行動のモデルと対応づいています[4]．評価用語をこの4階層にわけて整理することで，行動のモデルと対応させて，評価用語のつながる過程を分析することができます．

■ステップ2：データの分析
　表11-1の調査票を用いて，20～50代男女32名にスマートフォン3機種（これをサンプルと呼びます）に対する評価をしてもらい，その結果を分析し

---

4)　棟近・三輪 2000.

126　11章　行動情報学による商品開発

表11-1 アンケート調査票．[13] より引用．

分類	評価用語		とても	ー	少し	どちらでもない	少し	ー	とても	
単感覚	画面の動きが	カクカクしている	1	2	3	4	5	6	7	滑らかである
	押した個所の光り方が	小さい	1	2	3	4	5	6	7	大きい
	画面の動きが	遅い	1	2	3	4	5	6	7	早い
	・・・		1	2	3	4	5	6	7	
複合感覚	画面の遷移が	慌ただしい	1	2	3	4	5	6	7	落ち着いている
	次に進んだ感じが	しない	1	2	3	4	5	6	7	する
	・・・		1	2	3	4	5	6	7	
心理的反応	操作していて	安心感がない	1	2	3	4	5	6	7	安心感がある
	操作後の反応に	驚く	1	2	3	4	5	6	7	驚かない
	・・・		1	2	3	4	5	6	7	
総合感性	操作した感じが	嫌い	1	2	3	4	5	6	7	好き

ます．まず，個人差の有無を確認したところ，参加者は自身が使っている機種に近いサンプルを好む傾向がありました．この結果は3章にて述べた記憶の原則に一致しています．そこで，この傾向に基づいて，参加者を3つのグループに分けました．

　続いて，グループごとに7段階で評価してもらった評点データをグラフィカルモデリングという手法で解析し，4つの階層の評価用語間の因果関係を分析しました．この関係を可視化したものを感性評価構造と呼びます．図11-3に，あるグループのタップ操作における感性評価構造を示します．

　図中の矢印線上の値は，各評価用語間の偏相関係数の値を表します．偏相関係数とは，他の変数（評価用語）の影響を除いた上での2変数の関連の強さのことです．この因果関係をたどることで，操作感の嗜好に影響の強い評価用語の中で，図中の最下層にあたる，より具体的な「単感覚」の評価用語を特定することができます．たとえば，図11-3より，「押し間違いの少なさ」や，「画面の動きの滑らかさ」を重視していることがわかります．また，「画面の動きが速い」は負の相関があることから，指を払う速さに対して，画面の動きが速いと好ましく感じないことがわかります．これらの項目は3章において述べた「適切なフィードバック」の原則と整合するものということができます．

■ステップ3：考察による知見の導出
　図11-3の最下層にあたる「単感覚」を読み解くことで，タッチパネルを操作する上で好まれる条件を整理することができます．この条件をプリンターのタッチパネルへ反映するために，その条件に関連するタッチパネルの仕様を変

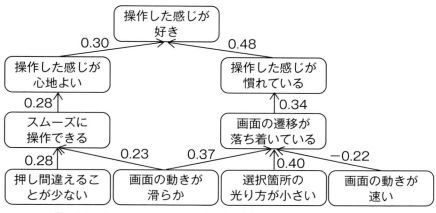

図 11-3 あるグループのタップ操作の感性評価構造．[13] より引用．

更していきます．プリンターのインタフェースの設計に関わる技術者 4 名と議論を交わし，表 11-2 のように，好まれる条件とプリンターの仕様の関係を明らかにしました．なお，開発技術に関係する情報が含まれるため，ここでは具体的な仕様を伏せて提示します．

■ステップ 4：実装・実践

実際に，表 11-2 に基づいて仕様を変更し，タッチパネルの改善品を作りました．そして，再度，参加者に現行品と改善品の操作感を比較してもらったところ，改善品において，操作感と満足度が向上したことがわかりました．

表 11-2 好まれる仕様と対応関係．[13] より引用．

タスク	最下層の評価項目において好まれる条件	仕様 特性1	特性2	特性3	⋯
画面切替えの面全体	画面の動きが滑らか	○			
	指の動きに対し画面の動き始めが遅れない		○		
	指を払う速さに対し画面の動きが（速い/合っている）		○		
	⋯				
スクロール	画面の動きが滑らか	○			
	指の動きに対し画面の動き始めが遅れない		○		
	誤ってタップしない			○	
	⋯				

128   11 章　行動情報学による商品開発

11.3　まとめ

　本章では，組織のマネジメント活動のひとつである新商品開発に，行動情報の方法を活用する考え方，事例をみてきました．今回はアンケートによるデータの収集に触れましたが，情報技術の発展により，4.1 節に示したような人間に関する様々な情報が収集しやすくなっています．また，商品のパッケージデザインの分野では，2.3 節で示したような生成 AI の利用もなされています．大規模言語モデルを用いた商品コピーの生成や，商品のコンセプトやイメージをテキストで入力すると，短時間で商品パッケージのデザインを生成することができる画像生成 AI の利用などが挙げられます．このような最新の技術をうまく活用し，社会で応用していくには，情報システムの開発技術に加えて，データサイエンスの技術，人間の行動特性やマネジメントに関する知識を習得しておくことが必要です．それらを総合的・体系的に学べる学問が行動情報学です．

　行動情報学において扱われる行動情報は，私たち一人ひとりの行動に関する情報であるため，その中に潜在ニーズが含まれていると考えられます．そのため，行動情報から効率的にそれを特定できるようになれば，顧客に選ばれる商品の開発にもつながりますし，マネジメントのサイクルをまわすスピードが向上することも期待できます．

12
行動情報学によるネットワーク組織のマネジメント

前章では企業による商品開発に対して，行動情報学を応用する事例を紹介しました．そこでは，行動情報学の基礎的な知識や技術が，顧客の感性を理解するために応用されました．一方で，こういった商品開発は，企業のなかで働く人の集団によって行われます．本章では，そのような企業内の集団を対象とした行動情報学的なマネジメントの手法を見ていきます．

なお，本章で示す事例は，9章にて示した人間行動と集団に関する話題と連続しています．9章ではネットワーク科学に基づき集団としての人間行動を理解するデータ分析を示しました．本章でも同様にネットワーク科学の枠組みに基づくことで，現実の企業の活動を理解し，マネジメントに結びつけます．

12.1　コミュニケーションと組織構造

人類の歴史を紐解くと，その発展は人と人とのコミュニケーションによって支えられてきたことがわかります．有史以前の狩猟採集の時代でも，人々はコミュニケーションによって役割を分担することができました．この事実は，古代の人間が，人間よりも遥かに巨大で強力なマンモスを狩猟できたことから推測できます．さらに，人類は文字という時代や場所を超えて情報あるいは知識を伝達するコミュニケーションの手段を発明します．文字の発明は，農業や工業のような人間一人の力では不可能な巨大な集団的な営みを実現します．そして時代を経て，その集団はより巨大で複雑な組織を構成するに至りました．

ですが，組織を支えるコミュニケーションは，その規模が大きくなるにつれ

て，複雑になります．4章で示したモデリング言語は集団におけるコミュニケーションの複雑さを抑えるために発明されものです．モデリング言語は細かさ（粒度）や観点を変えることができます．たとえば，多くの意思決定に関与する管理層ではより機能に焦点を当てた抽象的なモデリングが，実際に手を動かして作業をする現場では構造や動作を詳細に記すモデリングが適しているといえるでしょう．そして，それぞれのモデリングを関係づけることで，組織におけるコミュニケーションが階層化できます．情報システムの開発の分野では，こういった階層的なモデリングに支えられた関係をウォーターフォールモデルなどと呼びます．

　他方，情報通信技術(ICT)は目覚ましく進歩しています．これにより，コミュニケーションで伝えられる情報が豊かになり，かつコストも飛躍的に引き下げられました．それに伴い，階層構造ではない，フラットな構造の組織を作ることが可能となってきました．再び，情報システム開発の話題と結びつけるのであれば，このような組織による活動は，素早いという意味を表す英語を用いて，アジャイル開発などと呼ばれます．アジャイルな「ネットワーク組織」では，素早く，創発的な活動が発生しやすいというメリットがあります．その一方で，組織に方向を与え，安定的に活動を継続することが難しいというデメリットが存在します[1].

　階層構造の組織では，意思決定およびコミュニケーションの内容に対し，階層に応じた抽象度が設定されます．上位階層ほど抽象的で重要な意思決定が行われます．下位に位置する構成員は上位層における意思決定に従って業務を行うことで組織がマネジメントされます．各層においてなされるコミュニケーションの観点，すなわち内容も，先述したようにそれに伴って異なります．

　それに対して，フラットな構造のネットワーク組織では，意思決定の権限が集団の構成員に分散されます．ですが，コミュニケーション面では，内容の抽象度を調整することに代わるマネジメント方法が確立されていません．そもそもフラットな構造のネットワーク組織は豊富なコミュニケーションに支えられているため，コミュニケーション内容を制限することは困難です．では，どのようなマネジメント方法があり得るのでしょうか．その手がかりとして，コミュニケーションの内容ではなく，コミュニケーションの対象，すなわち相手を

---

1)　寺本 1990.

コーディネートするアプローチが考えられます．

12.2　人間関係ネットワークの可視化

ネットワーク組織においてコミュニケーションの相手をコーディネートするためには，組織の構成員同士のつながりを可視化し，全体系を捉える必要があります．そこで役立つのが社会における様々なつながりを構造的に捉える「社会ネットワーク」という概念です．これは，社会現象や集団における関係者個人をノード，関係者間のつながりをリンクとし，グラフ理論に基づいてその全つながりをネットワークに顕現化するものです．

ここでは，企業組織を社会ネットワークで捉える例を考えてみましょう．東京都心部でオフィス用品通販の代理店を営んでいる山崎文栄堂（東京都渋谷区）という中小企業があります．この企業は従業員同士で「サンクスカード」というものを交換しています（図 12-1）．業務の中で自分の仕事を手伝ってもらったり，アドバイスをもらったりした際に，名刺大のカードにお礼を書いて相手に渡しているのです．そして，月次でサンクスカードを集計し，カードの受け取り枚数が上位の従業員を表彰しています．このような制度で組織内に協力関係を培おうというのです．この事例では，従業員をノード，サンクスカードの送受関係をリンク，サンクスカードの枚数をリンクの重み付けに使うことで，組織内の協力関係ネットワークを描くことができます．

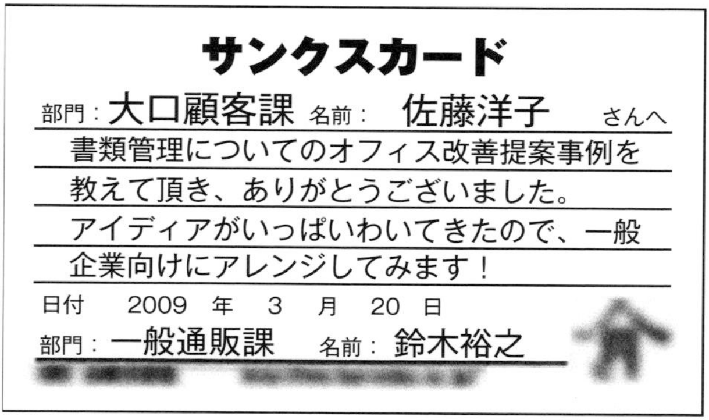
サンクスカード

部門：大口顧客課　名前：　佐藤洋子　さんへ

書類管理についてのオフィス改善提案事例を
教えて頂き、ありがとうございました。
アイディアがいっぱいわいてきたので、一般
企業向けにアレンジしてみます！

日付　2009　年　3　月　20　日

部門：一般通販課　名前：鈴木裕之

図 12-1　サンクスカードのサンプル

さて，企業組織を社会ネットワークとして把握できたなら，その中の良い協力関係の力を借りて，もっと仕事が捗るようにマネジメントすることはできないでしょうか.

12.3 社会ネットワーク分析をマネジメントへ応用する際の課題

社会現象や集団を社会ネットワークとして捉えることができれば，(1)ネットワークが構造的にどのような特徴を持っているのか，(2)ネットワークを構成するノードがどのような位置付けにあるのか，(3)ノード間のつながりがどのような状態なのかを分析することが可能となります.

(1)については，ネットワーク内のノードの総数を「サイズ」という指標で表します．また，任意のノードの組み合わせが最短でいくつのリンクを経てつながっているのか，すべての組み合わせを調べて平均を取ったものを「平均パス長」と呼びます．他に，ネットワーク内のすべてのノードを結んだ際のリンク数に対して，実在するリンク数の割合を「密度」と考えます．このような指標を組織の分析に用いることで，組織の大きさに対してどれだけコミュニケーションし易い状態にあるのかがわかります.

(2)については，注目するノードが他のノードと何本のリンクでつながっているのかを表す「次数中心性」や，他のノードと最短でいくつのリンクを経てつながっているのかを表す「隣接中心性」，そのノードが抜けるとネットワークが分断されてしまう程度を示す「媒介中心性」など，ネットワーク内でノードがどれだけ重要な位置付けにあるのかを捉える指標を用います．これらの指標を組織の分析に用いると，その組織に必要な構成員が誰なのかを突き止めることができます.

(3)について，社会ネットワークにおけるリンクには，「方向」と「重み」が与えられています．リンクの方向からは，その関係が片方向なのか双方向なのかがわかります．また，重みについては，そのリンクがどの程度重要なのか，他のリンクとの相対的な比較ができます．方向と重みを組み合わせれば，その関係がどの程度非対称なのかを把握することができます.

さて，組織全体の状態は(1)の分析方法で捉えることができます．組織内の

重要な構成員も(2)の分析方法で認識することができます．構成員同士のつながりも(3)の分析方法で現状を捉えることはできます．ですが，方向と重みだけでは，前述の山崎文栄堂のケースに出てきた良い協力関係かどうかは判断できません．ネットワーク組織のマネジメントに利用できるようなリンクを選び出すには，リンクの性質に関する指標を開発する必要があるのです．

12.4　ネットワークの構造からリンクの特質を捉える

　サッカーなどチームプレーの競技において，ゴールデンコンビと呼ばれる息の合った選手二人がいることで周りの選手の動きも良くなる．そんなことを見聞きしたり，経験したりしたことはありませんか．ネットワーク組織のマネジメントに利用したい良い関係というのは，まさにこのような周囲に好影響を与える関係となります．（逆に，周囲に悪影響を与える悪い関係には気をつける必要があります．）

　さて，周囲で好影響が発生するということは，コミュニケーションが活性化されていることが前提となります．コミュニケーションは，社会属性や心理的傾向などの類似性を持った人同士で生じやすくなります．この傾向は「同類原理」と呼ばれ，三者間関係においては，ある人の知り合い同士が知り合いになりやすいという現象「三者閉包」につながります．そう，「友達の友達を紹介されたら，思いのほか気があった」というあの経験のことです．そして，先行するコミュニケーションが刺激となって次のコミュニケーションが生まれるコミュニケーションの連鎖によって，三者閉包の傾向は三者関係に留まらず，その外側へ及んでいくと想定されます．

　社会ネットワークにおける多者閉包の傾向は，特定のリンクに注目し，そのリンク両端のノードがさらにその先で閉包するリンクを持っているかを調べることで，その存在を把握できます．そこで筆者は図12-2のように，注目しているリンクの両端のノードからの経由ノード数(n-hops)ごとに閉包リンクの発生を確認する「n-hops 閉包リンク発生率」を考案しました[2]．この指標は，注目したリンクが周辺へ好影響を与えていれば n-hops 閉包リンク発生率が高くなり，悪影響では逆になるという周辺への影響力を表す指標として機能すると

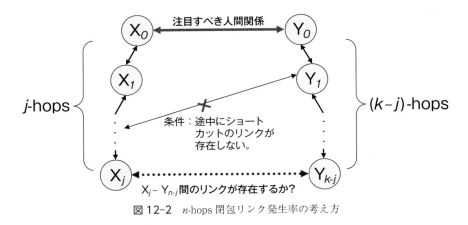

図 12-2　n-hops 閉包リンク発生率の考え方

考えられます．

12.5　情報機器を使った企業組織の社会ネットワーク可視化

　特定リンクの周辺への影響を捉える n-hops 閉包リンク発生率が有効な指標であるのかを，実際の企業組織で検証実験してみました．

　事例企業 D 社は，大手携帯電話事業者のグループに属し，情報システムの開発および保守メンテナンスを行っています（2008 年 3 月 31 日当時，社員数 685 名，売上高 350 億円）．同社では，顧客のニーズをよりシステム開発に反映させ，組織間の手続きを省いて業務のスピードアップを図るために，営業担当者とシステム開発者が同一部署に所属し，同じフリーアドレスオフィス（従業員が固定席を持たず好きな席を選ぶことができるオフィス）で働いています．

　この環境下で社会ネットワークを描くため，従業員には，一意の ID が割り振られた発信器（タグ）を所持してもらうと共に，オフィス内 17 カ所に受信機を設置して，全従業員の現在位置および滞在時間を特定できるようにしました．オフィスの各場所では従業員同士の時空間の共有によって一定割合でコミュニケーションが発生すると想定されます．そこで，従業員をノード，従業員

---

2)　Yuhashi 2011.

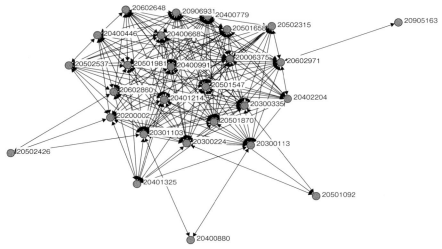

図 12-3 D 社の従業員間コミュニケーションに関する社会ネットワーク．[47] より引用．

同士の空間共有時間を仮想的なコミュニケーション発生期待値とした無向リンクの，従業員間コミュニケーションの社会ネットワークを描きました（図 12-3）．これで，n-hops 閉包リンク発生率の算出が可能となります．

12.6　関係のよしあしと周辺への影響

　D 社の従業員間コミュニケーションネットワークから計算した n-hops 閉包リンク発生率と，実際の関係のよしあしを比較するため，同社従業員に社会的属性や，仕事に対する心理的傾向を把握するアンケート調査を実施しました（2009 年 5 月実施，回収率 100.0%）．そのアンケートの中で，「一緒に仕事をするメンバーとしてどちらかというと組みやすい／組みにくい人物を 1〜3 名挙げてください」という質問によって，組織内のポジティブ／ネガティブ・リレーションの存在を確かめました．その結果，同部署においてポジティブ・リレーション 49 本，ネガティブ・リレーション 16 本の自己申告が行われました．さらに，管理職へのヒアリングから，上司の把握していた強いネガティブ・リレーションが 4 本存在することが判明しました．

　このようなポジティブ／ネガティブ・リレーションに対して，n-hops 閉包

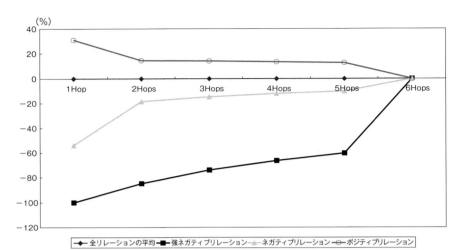

図 12-4 リレーション別の標準化 n-hops 閉包リンク発生率．[47] より引用．

リンク発生率を計算したところ，図 12-4 のような結果となりました．従業員がポジティブ／ネガティブ・リレーションだと考えているリンクは，従業員間コミュニケーションネットワーク上でも周辺の閉包リンク発生に 5-hops 先まで影響していることが判明しました．つまり，ポジティブ／ネガティブ・リレーションの周辺では 5-hops 先までコミュニケーションが活発／不活発になっていたのです．また，特にポジティブ・リレーションに比べ，ネガティブ・リレーションの影響は大きいものでした．組織内に悪い人間関係が存在すると，周囲も気を遣うためにコミュニケーションが滞るということが明らかとなったのです．また，その影響は三者関係でより強いことがわかりました．

12.7 マネジメントへの応用

上記の検証実験によって，従業員にアンケートを採らなくても，n-hops 閉包リンク発生率を計算することによって，社会ネットワークの構造から組織内に存在するポジティブ／ネガティブ・リレーションを発見できることがわかりました．そこで，発見したポジティブ・リレーションの影響を取り込み，ネガティブ・リレーションの影響を排除するように，その影響をコントロールするマネジメント方法を検討してみましょう．

12.7 マネジメントへの応用

　まず，リレーションのよしあしは三者関係で，より強く発生していました．そこで三者関係で仕事を行う際のコミュニケーションモデルを考えます．計算機科学者の Winograd は，コミュニケーションを社会的行為の実行と捉えるコミュニケーションのモデルを作りました[3]．ここでいう社会的行為は，おおまかに「REQ：相手に対しての要求」，「ACK：相手の提示した条件，内容に対する了承」，「NAK：依頼のキャンセル，破棄」の 3 種類に分けられるものです．この 3 種類の社会的行為によって三者を結び，各時点の状態を表したものが図 12-5 です（A：第三者，B：仕事の引受者，C 仕事の依頼者）[47]．

　このコミュニケーションモデルには，REQ（A, B）が 4 ヶ所存在しています．これが仕事に対して第三者が仕事に関与してくる可能性のあるポイントであり，特にポジティブ・リレーションの場合には仕事の質向上に資する支援を得られることが期待できます．逆に，ネガティブ・リレーションの場合には，ここで仕事のやり直しが要求されるなど，大きな出戻りが発生する危険があります．

　企業側としては，コミュニケーションモデルを踏まえた業務進捗管理の情報システム導入などによって，従業員の業務進捗を把握できれば，第三者の関与が発生しうるポイントを摑めるようになります．そして，マネージャーからポジティブ・リレーションの影響を取り込むように促し，ネガティブ・リレーションの影響を排除するように働きかけるという関与が可能となります．

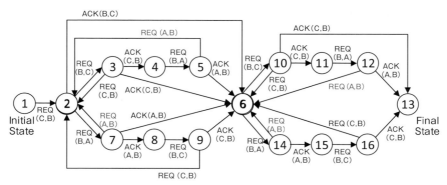

図 12-5　三者関係のコミュニケーションモデル．[47] より引用．

---

3) Winograd 1986.

12.8 まとめ

本章では，従来の階層的な組織にかわるネットワーク組織の可能性を見てきました．行動情報学の知見を利用することで，人々のコミュニケーションを円滑にし，より創造的な集団を構築することができます．

ただし，ICT が進歩したからといって，巨大なフラット構造のネットワーク組織が運営できるわけではないことに注意が必要です．現時点では，マネージャーが何人の従業員とコミュニケーションできるのか，その能力の限界が組織の最大サイズを規定しているからです．すなわち，マネージャーのコミュニケーション能力の限界が，組織の成長限界となっています．ですが，本章で例示したように ICT を利用した集団事象の把握，個別対応の支援方法が研究され，情報システムに実装されていけば，これまでの組織マネジメントの限界を超えていくことになるでしょう．いま，皆さんはその変化の入り口に立っているのです．

─ コラム 9 大規模災害発生時の SNS コミュニケーション ─

日本列島は，たびたび，規模の大きな災害に見舞われています．大規模災害発生時，人々は家族や友人の安否を確認したり，困難な状況を克服するための情報を得ようとしたりします．その際，日常的に利用している SNS が，そのまま非常時におけるコミュニケーションの場となります．ですが，非常時のコミュニケーションだからこそ，嘘やデマが流布することや，緊急性の高い情報が適切に伝わらないなど，メディアの信頼性に関する懸念が取り沙汰されています．

実際に，2011 年に発生した東日本大震災の時，SNS はどのような状況だったのでしょうか．震源地から 400 km 強離れた東京でも震度 5 弱の揺れを記録し，関東地方では約 500 万人が帰宅困難者となりました．公共交通機関はほぼ全域で麻痺してしまい，人々は帰宅／残留の判断材料となる情報を SNS に求めました．

この様子を捉えるため，Twitter（現在のサービス名称は X）上を飛び交った「東京メトロ」にまつわる情報を震災発生の 14：46 から翌日 04：00 までクロールソフトですべて収集し，オリジナル情報の投稿者を丸ノード，その情報をリツイートした再投稿者を四角ノード，リツイートの引用関係をリンクとして，情報拡散ネットワークを描きました（図 12-6）[4]．

---

4)　本條 2013.

12.8 まとめ

　東日本大震災当日，東京メトロ運行再開情報の拡散に最も大きな役割を果たしたのは，雑誌「クーリエ・ジャポン」でした（リツイート件数：1440 回）．右下の塊がクーリエ・ジャポンを中心とした放射線上のサブネットワークとなっています．海外情報を多く扱う雑誌であったため，災害時に情報弱者となりかねない外国人に対して情報が伝わる手がかりとなりました．また，元 J リーガーの中西哲生氏や美術評論家の橋本麻里氏もフォロワーに対して強い発信力を発揮して独立性の高いサブネットワーク（左上）を形成していました．

　他方，ネットワークの中心の塊は，様々な情報発信者と拡散者が相互に入り乱れていて，運行再開情報や駅の混雑状況に関する投稿をしていた様子が見て取れます．当時，東京メトロではまだ公式 Twitter アカウントを持っていませんでしたが，東京メトロの Web サイトに逐次運行情報が掲載されていたため，それを芸能人や評論家などが転載する形で運行情報の投稿を行っていました．

　興味深いことに，「拡散希望」などのタイトルを付けた投稿も存在はしていたのですが，最大で 3 回しか拡散されておらず，混乱を煽るような投稿には人々がほとんど反応していませんでした．Twitter 上で信憑性が低い情報を発信し続けるとフォロワーが減って，情報発信の影響力がなくなっていきます．このような日頃から使われている信頼性確保の仕組みが存在することで，非常時にも概ね健全な情報拡散が行われていたのです．

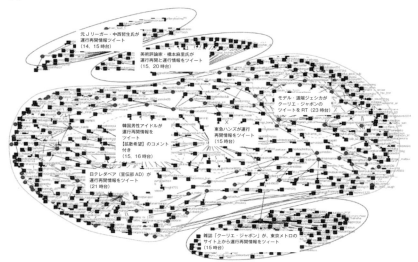

図 12-6　東日本大震災当日の東京メトロに関するツイート拡散ネットワーク．[10] より引用．

13
行動情報学から捉える イノベーション

　第4部ではこれまで，行動情報学におけるシステム開発やデータサイエンスを活かしたマネジメント事例を見てきました．企業が行う個人を対象とした商品開発，あるいはその背後における企業内のグループ活動に関する分析です．

　この流れは，第3部までに示した行動情報学の他分野と共通しています．他分野においても，個人を対象としたシステム開発やデータサイエンスが紹介されたのちに，グループレベルの活動であるモデリング言語やネットワーク分析が示されました．第3部までの流れに従うのであれば，本章は社会を対象としたマネジメント事例が示されることになります．

　超集合知であるインターネットを対象としたデータサイエンス，あるいはそこから学習する巨大な人工知能に相当する規模のマネジメントとは何でしょうか．本章では，行動情報学に基づくマネジメントの最大の対象として，企業によって引き起こされるイノベーションの事例を示します．

13.1　イノベーションの行動情報学的側面

　一般に，イノベーションという言葉は「技術革新」と訳されます．しかし，行動情報学の立場からみると，この言葉には，技術の変化以上の意味が含まれます．イノベーションと評される多くの事例において，人々の生活や社会に新たな便益をもたらす集団レベルでの抜本的な行動変容が生じています．また，この変化は，確かに何らかの技術によって引き起こされているものの，その技術はかならずしもその行動変容の直前に発明されたものではありません．むし

ろ，イノベーションは技術の発明ではなく，技術の社会への普及過程として捉えられるものなのです．本章では，このようなイノベーションの行動情報学的な側面を，スマートフォン決済の普及を事例としてみていきます[1]．

スマートフォン決済には複数の仕組みがあります．読者の中には，クレジットカードをスマートフォンに登録し，店舗などの端末にかざす「タッチ決済」を用いている人もいるのではないかと思います．この仕組みは，わが国においてはスマートフォンが普及する以前（2000 年代の中ごろ）から存在します．また，2016 年頃からは，タッチ決済とは異なる新たなスマートフォン決済が普及し始めました．スマートフォンのカメラによって 2 次元のバーコードを読むことで取引を成立させる「QR コード決済」です．ここでいうタッチ決済とQR コード決済は，双方とも決済に際してスマートフォンを利用しますが全く異なるものです．これに対する詳細な説明はこの場では避けますが，ご関心のある方はご自身で調べてみると良いと思います．

以前からのタッチ決済に加えて QR コード決済が普及することで，紙幣や硬貨，クレジットカードなどによってパンパンに膨れ上がった財布が薄くなり，さらには財布そのものを持ち歩かなくなったという人もいるのではないでしょうか．現在，普段の生活の中で現金を保有しない「キャッシュレス化」が日本の社会全体で進んでいます．キャッシュレス化の手段は，スマートフォン決済に限りません．デビッドカードやクレジットカードを使う方式も存在します．これらの方式は遅くとも前世紀には登場しています．しかし，それが現金の利用に取って代わることはありませんでした．現金は，物々交換に代わる手段として，人類が長く用いてきた主要な取引の手段でした．そのような人間の行動形式が，この数年で急速に消滅しているのです．このように，イノベーションには人々の行動および個人の行動の集積である社会を大きく変える影響力があります．

13.2　他国と比較した日本のキャッシュレス化

日本における最近のキャッシュレス化を進める要因となっている QR コード

---

1)　遠藤 2022.

決済は，以下の2つの技術を要素としています.

- 常時携帯可能で高性能な計算能力を備えた小型の通信機器であるスマートフォン
- 2次元の物理平面に複雑な情報を表示するQRコード

これらはこの数年で登場した技術ではありません. スマートフォンが普及する契機となった初代iPhoneの発売は2007年ですし，QRコードに至っては日本の自動車部品メーカーであるデンソーによって発明されたのが1994年とされます. そのため，スマートフォン決済の普及が，新たな技術の登場によって導かれたということはできません.

事実，キャッシュレス化は，わが国よりも，中国やアメリカにおいて先行して進展してきました. 経済産業省の報告資料[2]によると，2015年時点のキャッシュレス決済の比率は，中国の55%，アメリカの41%に対して，日本は18%に留まっていました. イノベーションが新たな技術の発明によってのみ進展するという考え方では，このような異なる社会の間の差を説明できません. それでは，国の間での普及率の差には，どのような事情があるのでしょうか. イノベーションの行動情報学的側面を読み解く手がかりとして，各国の事情を概観してみましょう.

中国の事情

上記のように中国におけるキャッシュレス決済の比率は，2015年時点で，日本やアメリカよりも高いものでした. このころ，筆者の身近な日本人が，中国の友人に，就職祝いのために高価な財布をプレゼントしたところ，中国の友人は全く喜びませんでした. 中国では，スマートフォンに，決済用のアプリを入れて，一定額をチャージしておけば，財布を持ち歩く必要はないと言われていたことが，その一因と考えられます.

中国でもスマートフォン決済が普及する以前は，現金を介して個人と店舗は取引をしていました. その通貨は，中国人民銀行が発行する中国人民元です. 以前の中国人民元には偽造紙幣が多く流通していたり，ボロボロの破れた紙幣などが流通していたりしたこともあり，人々の中国人民元に対する信頼は，アメリカドルや日本円などの先進国の通貨と比較して低い状況にありました.

---

2) 2017年5月 FinTech ビジョン.

また，当時の中国では，犯罪組織などによる闇取引なども多く発生しており，お金の流れの透明化が社会的課題となっていました．その折に，政府がスマートフォン決済を展開する事業者を後押しすることで，流通する通貨の多くをデジタル化しました．スマートフォン決済により取引が電子的に記録されることで，通貨に対する信頼性を向上させることができたのです．

この際，スマートフォン決済を展開する事業者は，もともと金融サービスを提供していた銀行やクレジットカード会社ではなく，オンラインショッピング事業者やSNS事業者でした．これらの事業者が，その顧客基盤を活用し，金融サービスに参入していったことも，このイノベーションの事例の重要な点です．

アメリカの事情

2015年時点において，アメリカは，中国よりもキャッシュレス決済の比率が低いものの，日本よりは高い状態でした．アメリカでは，アメリカドルが通貨として用いられています．アメリカドルの信頼度は高く，中国のような通貨への信頼の低さという背景はありません．

日本にはないアメリカの事情は，犯罪率の高さ，およびそれに伴うクレジットカードの普及率の高さです．アメリカでは，日本に比べて，強盗などの犯罪が多く発生しています．そのため，自らの身の安全性を確保するために現金を持ち歩かず，クレジットカードが利用されていました．つまり，アメリカではスマートフォン決済が普及する以前に，キャッシュレス化が進展していたといえます．事実，アメリカでは，「現金お断り」とする店もあるようです．

日本の事情

日本におけるキャッシュレス決済の比率の低さは，日本の社会においてスマートフォン決済やクレジットカード決済などの必要性が低かったことが原因と考えられます．このような必要性の低さは，中国やアメリカと比べた日本の事情を整理すると納得できます．

- 日本の通貨である円は，中国人民元に比べ，紙幣も硬貨も信頼度が高い状況にあった
- アメリカと比較して犯罪件数が少なく，クレジットカードの普及率が低い状況にあった

これらに加えて，日本における事前でのタッチ決済の普及も原因の一つと考えられます．先述のように日本においては，タッチ決済が2000年代の半ばごろから，自動販売機や自動改札，一部の店舗における取引に用いられていました．このような背景は，短絡的には，キャッシュレス化に有効と考えられます．しかし，日本において普及していたタッチ決済の仕組みは，現在のスマートフォンにおいて主流のクレジットカードを用いた仕組みとは異なるものでした．このような類似しているけれども差異のある技術の存在が，新たなタッチ決済の普及を妨げた可能性があります．

それでは，近年におけるキャッシュレス化の進展には，どのような背景があるのでしょうか．以下の2点が納得のしやすい理由として考えられます．

- **新型コロナウィルス感染症への対策：**
  新型コロナウィルスの感染拡大は2020年に始まりました．そのころ，不特定多数の人が触れる紙幣や硬貨を通じて，このウィルスが拡まるのではないかとの心配が生じました．この心配に対応するように，急速に紙幣や硬貨の授受を必要としない，スマートフォン決済などの非接触型の決済が定着していきました．

- **事業者によるキャンペーン：**
  QRコード決済は，先行する中国と同様，金融以外の異業種の事業者によって導入されています．そのサービスは，新型コロナウィルスの感染拡大に先立つタイミングでスタートし，新型コロナウィルスの感染が拡大したタイミングでは，事業者による大規模なキャンペーンが実施されていました．日本におけるキャッシュレス化の背景に，タイムリーに展開されたこのようなビジネス戦略の存在が考えられます．

上記のような歴史を振り返れば，スマートフォン決済サービスは，単に事業者が高度な技術（便利なサービス）を開発したから普及したという単純なものではないということがわかります．利用者の心理的側面，事業者をはじめとする関係各所による努力が存在したと考えた方がよいでしょう．以下の節では，利用者と事業者を結びつけるビジネスの構造に注目することで，キャッシュレス化というイノベーションの背景を探ります．

13.3 プラットフォーム型ビジネスとしてのスマートフォン決済

スマートフォン決済は，プラットフォーム型ビジネスの一種といえます．一般に，プラットフォーム型ビジネスは，多くの店舗や利用者に利用されることを前提として，普及するビジネスです．顧客（利用者と加盟店の両方）が増えるほど，効用が増し，プラットフォームに参加する価値が増大します[3]．そこで，サービス提供企業は，以下の2点を推進していくことになります．

- **決済方式を利用する消費者（利用者）の増加：**
  スマートフォン決済を利用するために，利用者は，アプリをスマートフォンにインストールすることが必要です．また，慣れ親しんだ現金を利用する行動から，決済の度にスマートフォンを取り出す，あるいはアプリを起動するという新たな行動に変化しないといけません．ユーザビリティ的な観点で言えば，記憶の原理に反して，行動変化を行わせるわけです（3.1節）．そのため，スマートフォン決済を利用者に行わせるためには，ユーザビリティ上の工夫のみでは十分ではなく，経済的な誘引（インセンティブ）も必要です．その決済方式を利用する明確な利得がなければ，その利用者にとって馴染みの低い行動にはなかなか移行しないでしょう．

- **決済方式を提供する店舗（加盟店）の増加：**
  店舗で消費者が使用するためには，スマートフォンを用いた決済が利用できる店舗が増加しなければなりません．店舗における導入においても，利用者と同様，店員に対する記憶の原理や学習の原理の克服が必要になります．さらに，店舗にとっての経済的な誘因として，導入に要するコストが極力抑えられたうえで，店舗の収益や業務効率が向上することが重要です．導入コストを上回る収益を増やすために，キャッシュレス行動を好む顧客がリピーターとなるようなマーケティングなどの導入も必要になってくると言えるでしょう．

このようにスマートフォン決済は，利用者と加盟店それぞれの市場をつなぐ

---

3) 根来 2019.

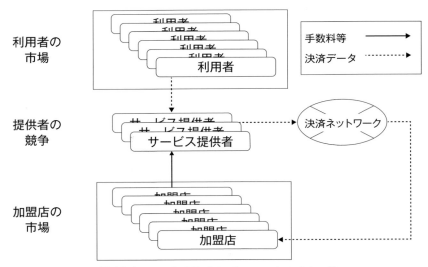

図 13-1　ツーサイドプラットフォームのイメージ

　ツーサイドプラットフォーム（図13-1）を提供するデジタルサービスです．ツーサイドプラットフォームとは，利用消費者と加盟店舗双方が決済ネットワークで繋がる仕組みのことです．この仕組みでは，加盟店だけが多くても利用者だけが多くてもうまくいきません．利用できる店舗が拡大することによって，消費者は多くの店舗でそのサービスを手軽に利用することができるようになります．一方，利用消費者が増えることによって，店舗も消費者の期待に応えようとするためにさらに多くの店舗が導入しようとします．このように，利用者（消費者，加盟店の双方）が拡大することによって，利用者のメリットが拡大することをネットワークの経済性と呼びます．

　ネットワークの経済性は，あらゆるプラットフォームビジネスの普及において重要な要素となります．どんなに高品質のサービスを高い技術を用いて提供していても，利用者がいなければ，それを利活用しようとする人にとってメリットがありません．多くの人が当たり前のように日常生活などで利用しているからこそ，利用価値が高いのです．

　たとえば，電話やインターネットは，現代では，ほとんどの人が利活用しているコミュニケーション基盤です．しかし，これらの技術も，社会に導入された当初は，なかなか利用者が増えず，人々にあまりメリットがありませんでした．それが徐々に広がり，ある一定の段階を超えると多くの人が利用価値を認

識し，爆発的に利用者が増えていきました．

　スマートフォン決済というプラットフォームビジネスにも明らかに，これら
と同様にネットワークの経済性が存在します．以下ではスマートフォン決済を
めぐるプラットフォームビジネスに登場する主体のそれぞれに焦点を当てなが
ら，普及の背景をみていきます．

13.4　プラットフォーム事業者の行動原理

　スマートフォン決済に関わる3者のうち，まずはプラットフォーム事業者の
行動原理を見ていきます．プラットフォーム事業者はネットワークの経済性に
もとづきつつ，行動情報学的なマネジメントの方法を駆使し，他事業者との競
争に勝つことを目指しています．

　このような行動原理は，日本におけるこれまでの QR コード決済の展開にあ
らわれています．QR コード決済は，2016 年からサービスが開始されました．
2018 年以降には，本格的に多くの事業者が参入し，サービスが乱立しました．
その後，1 社のサービスが他のサービス[4]を凌駕して発展し，2023 年 10 月 4
日時点では，日本の人口の約 2 分の 1，日本のスマートフォンユーザーの約 3
分の 2 が，そのサービスを利用しており，まさに国民的な決済方法になりつつ
あります[5]．

　このように，一つのサービスが他のサービスを凌駕するような発展をするこ
とは，デジタルのプラットフォーム型のビジネスでよく起きます．たとえば，
GAFA と呼ばれる Google, Apple, Facebook（現 Meta），Amazon もそれぞれの
分野のプラットフォームビジネスとして，他のサービスを凌駕して発展しまし
た．このような現象を，ウィナー・テイクス・オール（Winner takes all），日
本語では「一人勝ち」と言います．

---

[4]　PayPay（2018 年 10 月開始）が，先行する LINE Pay（2014 年 12 月開始），Origami
　　Pay（2016 年 5 月開始），楽天ペイ（2016 年 10 月開始），銀行 Pay（2017 年 3 月開始），
　　pring（2018 年 3 月開始），d 払い（2018 年 4 月開始）を凌駕しました．

[5]　2023 年に行われた MMD 研究所のアンケート調査でも，スマートフォン所有者のう
　　ち，70.3％ の人がスマートフォン決済を利用しており，さらにスマートフォン決済利用
　　者のうち，64.9％ が PayPay を利用しており，2 位（楽天ペイ 33.1％）以下を大きく凌
　　駕しています．

148   13章　行動情報学から捉えるイノベーション

デジタル型のサービスにおいて，一人勝ちのビジネスが生じる理由はどのようなものでしょうか．経済的な理由として，一定の規模を超えると，規模の効果により収益が逓増していくことで，他のサービスを寄せ付けない投資を続けることが挙げられます．また，ユーザビリティにおける標準化でみたように，一人勝ちが起こった後から参入した他のサービスがその地位をひっくり返すことは困難です．このような観点から，デジタル型のサービスには，先発優位性があると言われます．

各事業者は，このような一人勝ちの状況を作り出すために，技術の普及の初期段階において，利用者に誘引を提供し，自事業に取り込もうとします．たとえば，QR コード決済の普及過程で，事業者は，消費者に対して大規模なポイント還元を行いました．店舗に対しては決済手数料を 3 年間程度無料にするなどの施策を行いました．ツーサイドプラットフォームの両側に対して，自社に取り込む施策を行ったのです．短期の収益としては赤字が発生しますが，市場で一人勝ちをした後には，収穫の逓増および事実上の標準化（デファクトスタンダード）を得ることができます．

では，どのような事業者がこのような熾烈な競争に勝ち残るのでしょうか．ここではプラットフォームビジネスにおける競争に勝利する事業者の条件として，以下の 4 つを取り上げます．

1. 資金．失敗や競争に負けた時の損失リスクを補填する大規模な資金を有すること
2. システム化の技術．他事業者に対する技術的な優位性をもちつつ，利用者にとって利用しやすいサービスを提供できること
3. データの収集と分析．事業開始時の状況把握や事業開始後の行動や問題への対策に有用なデータを収集し，分析できること．また，何らかの問題があると考えられる時に，迅速にデータや情報を収集し，分析に基づく対策を実行できること．
4. 意思決定．将来的な収益を仮説として綿密なビジネス戦略に基づく戦略的かつ大胆な意思決定が行えること．事業開始時のみならず，事業開始後の適切な時期における判断も含む（たとえば，事業拡大のチャンスと判断した時にタイムリーな追加投資を行うことなど）．

資金的な前提条件である 1 を除けば，他の条件は，これまでに本書が示してきた行動情報学の応用と捉えられます．2 はアルゴリズムやモデリング，機械

学習などを駆使した情報システムの開発技術，人間の行動特性に合わせたユーザビリティの設計に対応します．しかし，2の条件によって，良い商品・製品・サービスが開発されたとしても，それが世の中に普及しないと，いわば宝の持ち腐れとなってしまいます．普及してこそのイノベーションです．そして普及には，条件3に取り上げられるように，現実の社会の実情を把握するためのデータや情報の収集と分析が必要になり，さらには条件4に示されるように，適切な状況把握にもとづく意思決定が必要となります．

特に，デジタル型のサービスは，物理的な商品と異なり，リリース後に比較的容易にアップデートを行うことが可能です．そのため，事業者間での競争に勝利するためには，顧客や社会的な情勢に合わせた適切で迅速な意思決定が重要になります．このために，情報システムの開発に関する技術とデータ解析の技術の両面を追求したうえでのマネジメントが重要となります．

13.5　店舗（加盟店）の行動原理

ここからは，スマートフォン決済をめぐるプラットフォームビジネスにおける店舗（加盟店）の行動原理を見ていきます．なお，ここで示す行動原理は，3章にて議論したユーザビリティの原理（知覚・記憶・学習）とは異なり，主に経済的な合理性によるものです．1.5節にて述べたように，人間による限定合理的な判断には，メリットとデメリットを比較するための特定の観点が必要です．以下では，まずは現金による決済とキャッシュレス決済を選択する際の合理性の観点を示し，その後にクレジットカード決済に対してスマートフォン決済を選択する際の合理性の観点を示します．

13.5.1　キャッシュレス決済導入のメリットとデメリット

店舗の立場から見た時，キャッシュレス決済全般には2つのメリットがあると考えられます．
- **キャッシュレス決済を好む顧客へのアピール：**
  キャッシュレス行動に移行した顧客は，現金決済のみを採用する店舗に対し，キャッシュレス決済が可能な店舗を好むようになります．よって

店舗側としては，キャッシュレス決済を導入することで，店舗の売上を増大させることができます．

- **現金管理のコスト削減**：
  キャッシュレスによって決済の記録が電子化されるため，取り扱われる現金の量が減ります．これにより，紙幣や硬貨の数を数えたり，保管したりするための手間が削減されます．

一方で，店舗にとってキャッシュレス決済全般のデメリットは，4点があると考えられます．

- **加盟店手数料の発生**：
  クレジットカードの場合3%程度，スマートフォン決済の場合2%程度の手数料が差し引かれた後に，売り上げが店舗に入金されます．

- **導入コストの発生**：
  多くの店舗ではキャッシュレス決済の導入に伴い，システム導入の初期費用がかかります．また，レジ回りの設定変更や集計作業が複雑化するため，学習コストが発生します．

- **新たな事務処理の発生**：
  キャッシュレス決済を導入したのちにも，現金決済とは異なる事務処理や集計が必要になります．

- **売上の現金化の遅延**：
  即時に売上資金が現金化されず，多くの場合月1回の締め日の後に振り込まれます．

上記のメリットとデメリットの大きさは，店舗側の事情によらず，プラットフォームビジネスの他の主体の行動によって変化します．キャッシュレスを好む顧客へのアピールの有効性は，キャッシュレス決済を行う利用者の人数によって直接的に変わります．また，加盟店手数料は事業者によって決定されるものですし，システム導入後の集計作業のコストも事業者によって提供される情報システムのユーザビリティ特性に依存するでしょう．

これらのメリットとデメリットを比較したうえで，店舗は各時点で合理的な決済方式を採用します．そして現在は，現金決済が好まれていた過去から，徐々にキャッシュレス化に向かっている実情があります．その背景には，近年になって普及しているQRコード決済の導入が存在します．以下でQRコードを含むスマートフォン決済とクレジットカード決済を比較します．

13.5.2 スマートフォン決済導入のメリットとデメリット

　スマートフォン決済とクレジットカード決済を比較するとスマートフォン決済には以下の2つのメリットがあります.

- **加盟店手数料の小ささ**：

　すでに述べましたが，キャッシュレス決済には加盟店手数料がかかります．この大きさは，クレジットカード決済（3%）に比べてスマートフォン決済（2%）は小さいものとなっています．さらに，代表的なスマートフォン決済では，当初3年間加盟店手数料を無料にするような施策が取られました.

- **導入コストの小ささ**：

　こちらもすでに述べましたが，キャッシュレス決済には，導入の初期コストがかかります．クレジットカード決済を導入する場合には，クレジットカード会社と接続をするための機器が必要になります．中小の小売店ではそこまでの負担をして導入することには抵抗感があります．なお，スマートフォン決済の場合でも，クレジットカードを内蔵したタッチ式を利用する場合には同様の機器が必要になります．しかし，QRコード決済の場合は，スマートフォンのアプリからQRコードを掲示するだけで決済が可能となりますので，ほとんど導入費用がかかりません.

　最近のスマートフォン決済の普及には，上記2点の加盟店におけるメリットが背景として存在すると考えられます．これらのメリットにより，クレジットカード加盟には抵抗感のある中小規模の小売店小規模店が，利用者や売り上げが増えるか確信が持てない状況でも，まずは導入してみようということになったと想定することができます.

　なお，クレジットカード決済に対するスマートフォン決済のデメリットは，クレジットカード決済にすでに加盟していた利用店にとっての導入コストです．クレジットカード決済からスマートフォン決済に完全に移行する場合には，クレジットカード決済導入時に支払ったコストが無駄になってしまいます．このデメリットを低減するために，クレジットカード決済の加盟店は，現状ではクレジットカード決済とスマートフォン決済を並行して利用しています．このように，複数のプラットフォームが同時に使用されることを，マルチホーミングと言います．新規に参入するプラットフォームサービスの拡大には，マルチホ

ーミングを狙った事業者側の戦略が取られることも多く見られます．実際，現在のスマートフォン決済の事業者は，すでにクレジットカード決済を導入している店舗に対してスマートフォン決済を並行して利用するようなサービスとして提供を開始しました．

13.6　利用者の行動原理

　最後に利用者の行動原理を見ていきましょう．利用者に関しても，店舗と同様，合理性の観点から選択行動を捉えることができます．キャッシュレス決済の手段を選択するうえでの利用者の合理性の観点は，2つ存在します．

- **利用店舗の多さ**：
  利用者は，現金以外の決済手段を考える際に，利用店舗が多いかどうかを判断基準の1つにします．特に，各利用者が普段利用する店舗で使えるかどうかが判断基準となります．
- **ポイント還元などの利点**：
  利用者は様々な決済手段を比較し，利用することでポイントの還元や，キャッシュバックが発生するかどうかを判断基準として見ています．

　また，利用者側のデメリットとしては，やはり導入コストを想定できます．利用者にとっては，まずそのスマートフォン決済手段を登録することがハードルになります．金銭的な取引と関連するものであるため，登録する情報が多く，手間がかかることが多いからです．

　ただし，スマートフォン決済における導入コストは，先行するキャッシュレス決済であるクレジットカード決済に比べれば小さいものです．クレジットカードの登録には1週間から2週間程度の期間が必要ですが，スマートフォン決済は，手許のスマートフォン上で登録することができます．なぜなら，クレジットカードは，半月から1か月半程度の後払いであるため，利用のためには信用面での審査がありますが，スマートフォン決済は，事前にサービスに入金した範囲での利用が基本となるため，信用面での審査が不要となることがあるからです．

13.7　スマートフォン決済普及のその他の要因

　ここまで，プラットフォーム事業者による努力（マネジメント），加盟店や利用者による合理的な行動特性などにより，スマートフォン決済の普及の背景を考察してきました．しかし，13.2 節にて示したスマートフォン決済の実際の普及過程においては，これらのビジネス主体による行動以外の要因が存在したことに気づきます．

　たとえば，中国におけるスマートフォン決済の導入において，政府による事業者への後押しがあったと述べました．同様の後押しは日本においても行われました．2017 年 5 月に経済産業省から発表された「FinTech ビジョン」では，キャッシュレス比率について，10 年間で倍増させるという目標が設定されました．また，2018 年 4 月に同じく経済産業省から発表された「キャッシュレスビジョン」で具体策が提言され，2019 年 10 月からの「キャッシュレス・消費者還元事業」で，加盟店と消費者に対する実際の誘因が政府の施策として実施されました．日本におけるキャッシュレス決済の普及は，このような政策的な要因が後押しをした可能性があります．

　さらに，先述したようなコロナウィルスの感染拡大など，偶発的な社会要因によってイノベーションの普及が促されるということも考えられます．実際，コロナウィルスの感染拡大期には，スマートフォン決済のほかに，オンライン会議ツールなどの様々な行動変容を促す技術が普及しました．

13.8　まとめ

　スマートフォン決済の普及，特に 1 社が大きなシェアを獲得する中で，新たな課題が浮かび上がっています．それは，個人情報の管理の問題です．個人の購買情報がスマートフォン決済サービス事業者に蓄積していくことで，サービス事業者には，様々なビジネスのチャンスが生まれてきます．その一方で，利用者や店舗には必ずしもメリットが発生するとは限らない状況です．たとえば加盟店側では，当初無料だった加盟店手数料が 3 年後に有料化されました．また，蓄積された情報が個人へ還元されるかも疑問であり，今後の推移を見守る

必要があります．

ここまで，スマートフォン決済の普及を題材に，デジタル社会におけるプラットフォーム型ビジネスについて考えてきました．今後新たに登場するビジネスでも，このような行動情報学的な視点で捉えることで，よりビジネスの本質や社会の変化を見極めることができるのではないかと考えます．

コラム 10　天然知能の観点からみた経営実践における イノベーションの創出

　人間あるいはコンピュータなどの機械は，伝統的には，外部と境界で区別された「システム」とみなされます．この観点に立ち，今までの認知科学では，個々のシステムの内側の情報処理を解明することに注力してきました．それに対し，郡司[3]は，システムとその「外部」の関係を記述する枠組みとして，「天然知能」という概念を新たに提唱しています．

　天然知能は，人工知能と対比することで，図 13-2 のように説明されます．ここでの人工知能は，1 章で述べたように，人間になぞらえられるコンピュータを指します．この立場は，システムの行動を「する」・「しない」の選択として捉えます．そして，いずれの選択が取られるのかは，過去の経験によって決まるとされます．システムは，過去の行動を繰り返す傾向を有し，それによってシステムの状態が維持されます（郡司による理論では「反復への意思」をシステムが持つと表現されます）．ただし，この行動の決定のモデルでは，システムが外部と隔絶され，システムは変化しません（図 13-2(a) 参照）．

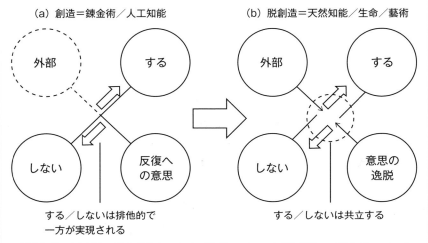

図 13-2　(a)創造＝錬金術としての人工知能モデル，(b)脱創造＝天然知能モデル[4]

このような従来の人工知能的なシステムの捉え方に対し，図13-2(b)の天然知能において，システムは「する」・「しない」の排他的な選択を無効にするように動くことができるとされます．こういった「反復への意思の逸脱」により，「する」・「しない」のどちらかへの特定が困難となり，「する」・「しない」のどちらの状態も共立する状態が生じます．その結果，「する」・「しない」の間に隙間が生じ，「外部」がシステムの内側と接続され，システム変化が促されます（郡司の理論では「外部が召喚」されるといいます）．

　天然知能の考えかたは，企業におけるいくつかの経営実践をよく説明しています．一つの事例として，浜松ホトニクス株式会社（以下，「浜松ホトニクス」とする）が挙げられます．浜松ホトニクスは，静岡県西部にある光電子増倍管といった光センシングに関する製品の研究開発を行っている製造会社であり，4度のノーベル賞受賞に貢献し，イノベーションを創出してきた企業です．ノーベル賞受賞に関する技術開発が行われていた当時の社長である晝馬輝夫氏は，開発の段階では達成が困難だと思われる課題に対して，「できないと言わずに，やってみろ」または「Aと非Aは同一時刻，同一地点に存在する」といい，未知未踏の世界へ社員を当惑させながらも一歩踏み出させる経営を行っていました．これはまさに，天然知能における「する（できる）」・「しない（できない）」の排他性を無効にし，外部を召喚する経営実践と捉えることができます．同様に，オムロン株式会社の創業者である立石一真氏の「『できません』と云うな」という言葉も天然知能的経営実践であると捉えることができます．

　このように認知科学において，新たに提唱されている天然知能の観点から経営実践をみるとイノベーションの創出に関する新たな知見が得られる可能性があります．13章では，イノベーションの普及に関する要因を見てきました．その中で，取り上げられた個人の記憶のような，イノベーションを阻害する要因を打破するためには，「反復への意思の逸脱」のようなマインドセット（考え方）を社会の人々に持ってもらう必要があるのかもしれません．

---

3)　郡司 2019.
4)　中村・郡司 2020.

おわりに

　本書の完成には，構想から2年を要しました．この期間は，17名の執筆者が有する多岐にわたる視点や分野を，行動情報学という名のもとで統合するために必要なものでした．しかし，執筆者達の周辺でも，世の中全体でも，この期間に多くの変化がありました．本書の出版から，この本を皆様が手に取られるまでの間でも，さらに時間が流れ，何らかの変化が生じていると考えられます．社会の流れは，数十億の個人の行動によって作られます．そのような大きな流れを，一個人や集団が，具体的に予測することは不可能です．

　本書は，流れゆく時代のなかで，主体的に生きる道筋を示すことを目指しました．主体性を持つためには，その人なりの目的が必要です．目的を設定するためには知識が必要です．さらにそのような知識は，本人のなかでゼロから作られるわけではなく，社会のなかで受け継がれた知識と本人の経験が組み合わさることで作られます．しかし，変化していく社会のなかでは，過去の知識は，現実に対して急速に通用できなくなってきます．知識が現実にそぐわなくなれば，データを収集し，その結果に基づいて知識をアップデートしなければなりません．人間の主体性は，そのようなトップダウンとボトムアップな処理の間，あるいは理想と現実のギャップをマネジメントしていくなかで生まれます．

　本書は，できるだけ特定の事例に限定されない抽象的な知識を提示することを意図してきました．そのため本書で示した知識は，地域や時代によらず一定の普遍性を持つと考えられます．人間が人間である限りは，我々の行動，すなわち意識を持った人間による刺激への反応がなくなることはありません．時代に合わせ，未来では現代とは異なる行動のパターンが生じるでしょう．1章で示したような人間の知覚や記憶のバイアスを乗り越えるために，5章で議論し

た人工知能，あるいは 7 章で述べたナッジのような技術が進展していくはずです．ただし，そのような新たな人間の行動のパターンに対しても，人間は問題を発見し，新たな問題を解決するという目的を抱くはずです．その積み重ねとして，人間は，よりよく生きるための工夫を，次々と生み出し，社会を変化させていくことでしょう．

　行動情報学は，このような人間行動の変容とそれに合わせた知識の発見を高速に循環させる技術です．この技術を突き詰めていくことで，行動情報学を身につけた人間は，社会における変化に主体的に関わり続けることになります．主体性を持つことは，人間が人間らしい幸せを感じる条件といえます．よって，行動情報学により主導された人間行動の集積は，持続可能な社会の発展に貢献すると考えています．本書の執筆がその契機となり，本書を手にした皆様とともに未来を築き，知識の伝達を継続していけることを希望しています．

参考文献

　本書と関係する参考文献を紹介します．本書の全体を網羅するものではありませんが，関心にあう文献がありましたら，今後の参考としてください．

1．行動情報学へ至る歴史

　内村直之，植田一博，今井むつみ，川合伸幸，嶋田総太郎，橋田浩一．はじめての認知科学．新曜社．2016．

　本書は，日本認知科学会が監修した，認知科学の易しい教科書です．第 1 章で述べた認知科学の基本的な考え方を解説する部分もありますが，より具体的な実験やモデルの解説も示されています．

2．行動情報のアルゴリズム

　Brian Christian, Tom Griffiths. *Algorithms to Live By: The Computer Science of Human Decisions*. Picador. 2017．（田沢恭子 訳．アルゴリズム思考術．早川書房．2019．）

　本書は，日常的な場面で出会う問題がどのようにアルゴリズムという考え方と結びつくのかを，とても平易な表現で書いてあります．アルゴリズムというものに興味を持ったものの難しい学術書までは……と思っている人におすすめの書籍です．

3．人間の行動特性と調和する情報システム

　Donald A. Norman. *The Design of Everyday Things: Revised and Expanded Edition*. Basic Books. 2013．（岡本明，安村通晃，伊賀聡一郎，野島久雄 訳．

誰のためのデザイン？　増補・改訂版――認知科学者のデザイン原論．新曜社．
2015.）

　心理学的な観点からのユーザビリティ（使いやすさ）に関する古典的かつ非
常に有名な本の改定版です．第 3 章に記載したデザインの原則に関して，豊富
で詳細な事例が示されています．示される例が少し古くなっているところはあ
りますが，今読んでも十分に示唆に富む考え方が提示されています．

7.　人間行動とコミュニケーションのデータサイエンス

　Alex Sandy Pentland. *Honest Signals: How They Shape Our World*. The
MIT Press. 2008.（安西祐一郎　監修，柴田裕之，安西祐一郎　訳．正直シグナ
ル：非言語コミュニケーションの科学 新装版．みすず書房．2020.）

　本書は，声のトーンや表情，身振りといった非言語的な要素が，私たちの感
情や意図をどのように伝え，他者に影響を与えるのかを科学的に解明した一冊
です．非言語的シグナルが信頼や誠実さといった人間関係の基盤を形成する仕
組みを心理学や行動科学の視点から解説し，これらを活用して効果的なコミュ
ニケーションを実現する方法を提示しています．

9.　人間行動と社会のデータサイエンス

　Matthew J. Salganik. *Bit by Bit: Social Research in the Digital Age*. Prince-
ton University Press. 2017.（瀧川裕貴，常松淳，阪本拓人，大林真也　訳．ビ
ット・バイ・ビット――デジタル社会調査入門．有斐閣．2019.）

　第 9 章と同様，既存の社会調査と対比しつつ，ビッグデータ時代の社会調査
の方法が解説されます．本書では，ビッグデータの利用によって，観察・質
問・実験などの社会調査の手法がどのように発展し，それらの欠点が克服され
るのかが議論されます．また，本書では議論がやや不足している倫理面の問題
についても，本質に基づいた示唆に富む議論が展開されます．

10.　マネジメント視点で見る行動情報学

　宮川公男，上田泰（編集）．経営情報システム（第 4 版）．中央経済社．2014.
　「マネジメントと行動情報学」に関連の深い経営情報学分野の代表的な教科
書です．企業経営，ビジネスモデル，情報システム，情報技術など，企業経営
と情報システムが様々な視点で解説されています．

13. 行動情報学から捉えるイノベーション

遠藤正之. 金融 DX 銀行は生き残れるのか. 光文社. 2022.

本書は，2015 年以降の金融業界や FinTech 企業のイノベーション実例を取り上げ，銀行がどのように DX を進めるべきかを考察したものです．そのなかでキャッシュレスの進展についても言及しています．

遠藤正之. IT アーキテクトとエンジニアのための金融 IT システム入門. 科学情報出版. 2024.

本書は，金融 IT システムの基礎から，障害対策，サイバーセキュリティ，AI 活用，ブロックチェーンの最新動向までを概観し，キャッシュレスの相互運用性についても言及しています．

引用文献

[1] D. Baker, Crystal structure of a monomeric retroviral protease solved by protein folding game players. *Nature Structural & Molecular Biology*. Vol. 18, No. 10, pp. 1175–1177. 2011.

[2] D. S. Bond, J. G. Thomas, H. A. Raynor, et al. B-MOBILE--a smartphone-based intervention to reduce sedentary time in overweight/obese individuals: a within-subjects experimental trial. *PloS One*. 2014.

[3] L. Cao, In-depth Behavior understanding and use: the behavior informatics approach. *Information Science*. Vol. 180, No, 17, pp. 3067–3085. 2010.

[4] Christopher Chabris, Daniel Simons. *The Invisible Gorilla: And Other Ways Our Intuitions Deceive Us*. Harmony. 2010.（木村博江 訳．錯覚の科学．文藝春秋．2014.）

[5] Brian Christian, Tom Griffiths. *Algorithms to Live By: The Computer Science of Human Decisions*. Picador. 2017.（田沢恭子 訳．アルゴリズム思考術．早川書房．2019.）

[6] A. M. Collins, M. R. Quillian. Retrieval time from semantic memory. *Journal of Verbal Learning & Verbal Behavior*. Vol. 8, No. 2, pp. 240–247. 1969.

[7] 遠藤正之．金融 DX，銀行は生き残れるのか．光文社．2022.

[8] J. Finkelstein, M. Bedra, X. Lie, J. Wood, P. Ouyang. Mobile app to reduce inactivity in sedentary overweight women. *Medinfo 2015: Ehealth-Enabled Health*. 216: 89–92. 2015.

[9] 郡司ペギオ幸夫．天然知能．講談社．2019.

[10] 本條晴一郎，遊橋裕泰．災害に強い情報社会—東日本大震災とモバイル・コミュニケーション．NTT 出版．2013.

[11] Edwin Hutchins. The Technology of Team Navigation. *Intellectual Teamwork*. Psychology Press. 1990.（安西祐一郎他 編，宮田義郎 訳．チーム航行のテクノロジー．認知科学ハンドブック．pp. 21-35．共立出版．1992.）

[12] 池ヶ谷舞，杉山和輝，村田大河，小嶋健汰，金鎭赫．身体活動向上のためのパーソナライズ型 Just-in-Time 介入．SICE ライフエンジニアリング部門シンポジウム 2023（LE2023）．2023.

[13] 梶原千里，棟近雅彦．高性能なタッチパネルの知見を活用した操作感改善方法の提案．日本経営工学会論文誌．Vol. 673, pp. 232-241. 2016.

[14] 神沼靖子．情報システム基礎，オーム社．2006.

[15] F. Khatib, F. DiMaio, Foldit Contenders Group, Foldit Void Crushers Group, S. Cooper, M. Kazmierczyk, ..., C. Spearman. Demonstration of formulae for true measurement of correlation. *The American Journal of Psychology*. pp. 161-169. 1907.

[16] Ray Kurzweil, *The Singularity Is Near: When Humans Transcend Biology*. Viking. 2005.（井上健，小野木明恵，野中香方子，福田実 訳，ポストヒューマン誕生 コンピュータが人類の知性を超えるとき．NHK 出版．2007.）

[17] T. W. Malone, M. S. Bernstein（Eds.）．*Handbook of collective intelligence*. MIT Press. 2022.

[18] M. R. Mehl, M. Eid, C. Wrzus, G. M. Harari, U. W. Ebner-Priemer. *Mobile Sensing in Psychology: Methods and Applications*. The Guilford Press. 2024.

[19] 棟近雅彦．価値創造経営とは，価値創造経営の勧め，品質月間テキスト，品質月間委員会，No. 437, p. 1. 2019.

[20] 棟近雅彦，三輪高志．感性品質の調査に用いる評価用語選定の指針，品質，30（4），pp. 96-108. 2000.

[21] 中村恭子，郡司ペギオ幸夫．書き割り少女—脱創造への装置—．共創学．Vol. 2, No. 1, pp. 1-12, 2020.

[22] 根来龍之．集中講義デジタル戦略．日経BP．2019.

[23] 日本学術会議 情報学委員会．大学教育の分野別質保証のための教育課程編成上の参照基準 情報学分野．2016. https://www.scj.go.jp/ja/info/kohyo/pdf/kohyo-23-h160323-2.pdf

[24] Donald A. Norman. *The Design of Everyday Things: Revised and Expanded Edition*. Basic Books. 2013.（岡本明，安村通晃，伊賀聡一郎，野島久雄 訳．誰のためのデザイン？ 増補・改訂版——認知科学者のデザイン原論．新曜社．2015.）

[25] C. E. Osgood. The Similarity paradox in human learning. *Psychological Review*. Vol. 56, pp. 132-143. 1949.

[26] J. Oshima, D. W. Shaffer. Learning analytics for a new epistemological perspective of learning. *Information and Technology in Education and Learning*. Vol. 1, No. 1. 2021.

[27] J. Oshima, R. Oshima, S. Saruwatari. Analysis of students' ideas and conceptual artifacts in knowledge-building discourse. *British Journal of Educational Technology*. Vol. 51, No. 4, pp. 1308-1321. 2020.

[28] J. Oshima, R. Oshima, Y. Matsuzawa. Knowledge Building Discourse Explorer: A social network analysis application for knowledge building discourse. *Educational Technology Research and Development*. Vol. 60, pp. 903-921. 2012.

[29] Herbert A. Simon. *The Sciences of the Artificial*. The MIT Press. 1969.（稲葉元吉，吉原英樹 訳．システムの科学．パーソナルメディア．1999.）

[30] Alex Sandy Pentland. *Honest Signals: How They Shape Our World*. The MIT Press. 2008.（安西祐一郎 監修，柴田裕之，安西祐一郎 訳．正直シグナル：非言語コミュニケーションの科学 新装版．みすず書房．2020.）

[31] A. Pentland. *Social physics: How good ideas spread-the lessons from a new science*. Penguin. 2014.

[32] G. Pickard, W. Pan, I. Rahwan, M. Cebrian, R. Crane, A. Madan, A. Pentland. Time-critical social mobilization. *Science*. Vol. 334, No. 6055, pp. 509–512. 2011.

[33] J. M. Rehg, S. A. Murphy, S. Kumar. *Mobile health: Sensors, analytic methods, and applications*. Springer. 2017.

[34] Matthew J. Salganik. *Bit by Bit: Social Research in the Digital Age*. Princeton University Press. 2017.（瀧川裕貴，常松淳，阪本拓人，大林真也 訳．ビット・バイ・ビット――デジタル社会調査入門．有斐閣．2019.）

[35] D. W. Shaffer. Epistemic network analysis: Understanding learning by using big data for thick description. *International Handbook of the Learning Sciences*. pp. 520–531, Routledge. 2018.

[36] A. A. Stone, S. Shiffman, A. A. Atienza, L. Nebeling. *The science of real-time data capture: Self-reports in health research*. Oxford University Press. 2007.

[37] 武田一哉．行動情報処理．共立出版．2016.

[38] 寺本義也．ネットワーク・パワー――解釈と構造．NTT 出版．1990.

[39] R. H. Thaler, C. R. Sunstein. *Nudge: Improving decisions about health, wealth, and happiness*. Yale University Press. 2008.

[40] 内村直之，植田一博，今井むつみ，川合伸幸，嶋田総太郎，橋田浩一．はじめての認知科学．新曜社．2016.

[41] 浦昭二．情報システム学へのいざない．培風館．1998.

[42] A. D. Williams, D. Tapscott. *Wikinomics*. Atlantic Books Ltd. 2011.

[43] T. Winograd, F. Flores. *Understanding Computers and Cognition: A New Foundation for Design*. Ablex Publishing Corporatopn. 1986.

[44] A. W. Woolley, C. F. Chabris, A. Pentland, N. Hashmi, T. W. Malone. Evidence for a collective intelligence factor in the performance of human groups. *Science*. Vol. 330, No. 6004, pp. 686–688. 2010.

[45] 山中敏正，菅原徹 他．ヒトの感性に寄り添った製品開発とその計測，評価技術．pp. 655．技術情報協会．2021.

[46] 山田誠二，小野哲雄．マインドインタラクション：AI 学者が考える「ココロ」のエージェント．近代科学社．2019.

[47] H. Yuhashi. A Social Network Approach to Activate Collaboration in Enterprise. Tokyo Institute of Technology, Ph.D. thesis. 2011.

索　引

英数字

bias　9
Chain-of-Thought　58
EC サイト　101
E–R モデル（Entity-Relationship Model）　46
GIS（Geographic Information System）　95
GPT（Generative Pre-trained Transformer）　56
InstructGPT　56
IoT（Internet of Things）　68
Just-In-Time　70
POS（Point of Sales）　74
QR コード決済　141
SD 法　123
SEO（Search Engine Optimization）　100
SNS　98
Top-k サーチ　20
Transformer　56
UML（Unified Modelling Language）　44
Winner takes all　147

あ

アクセス解析　100
アジャイル　130
アフォーダンス　28
アラインメント問題　58
アルゴリズム　viii, 14

意識　3, 5
意思決定　81
イノベーション　118, 140
意味ネットワークモデル　11
因果分析　76
インセンティブ　78, 145
インタフェース　28
インタラクション　71

ウィナー・テイクス・オール　147
ウォーターフォールモデル　130

エージェント　79
エージェントインタラクション　79
エコーチェンバー　99
エスノグラフィー　85

か

回帰分析　123
過学習　52
学習　32
学習分析学　88
可視化　32, 131, 134
価値創造経営　120
干渉　35
感性評価構造　126
感性品質　122
関連ルール抽出　74

記憶　11, 30
機械学習　viii, 7, 49
キャッシュレス化　141
キャッシュレス決済　118
キャッシュレス行動　145

索引

教師あり学習　48, 74
教師なし学習　73
協調フィルタリング　101

クラスタリング　74, 123
訓練データ　49

計画　109
計算社会科学　98
ゲシュタルトの法則　28
検索エンジン最適化　100
限定合理性　9

合成の誤謬　21
行動主義　4
行動抽出　72
行動データ　6, 64
行動変容　72, 77
国勢調査　92, 94
誤差逆伝播法　52
コミュニケーション　71, 129
コンピュータ　2, 4

さ

サンプリング　65

時系列分析　76
次元削減　74, 123
次数中心性　132
事前学習　54
実体関連モデル　46
社会ネットワーク分析　87, 88, 132
集合知　58
集団の知性　83
主成分分析　123
商品開発マネジメント　123
情報　112
情報システム　vi, 26, 44
情報処理　6
シンギュラリティ　iv
人工知能　iv, 5, 49

深層学習　53
心理　3
心理学　2

推論　52
図と地の原理　28
スマートフォン決済　141
スラッジ　79

生成 AI　13, 56, 57
説明可能性　58

ソーシャルネットワーキングサービス
　98
組織化　109

た

ダートマス会議　5
ダイバーシティ　39
大規模言語モデル　55

知覚　27
知識　7, 112
知識創造型企業　84
抽象化　42
チューリングマシン　4
調整　110
直感　28
地理情報システム　95

ツーサイドプラットフォーム　146

データ　111
データサイエンス　vi, 62
データモデリング　45
デファクトスタンダード　148
転移逆行曲面　35
天然知能　154

統制　111
同類原理　133
トップダウン　7

な

ナッジ 77

ニューラルネットワーク 50
認識ネットワーク分析 89
認知科学 5
認知バイアス 9, 12

ネットワーク科学 82
ネットワークの経済性 146

は

バイアス 9, 73
媒介中心性 132
バスケット分析 74
パターン抽出 67, 73

ビッグデータ iv, 76
標準化 36, 148
品質マネジメント 122
頻出パターン探索 74

ファインチューニング 54
フィードバック 32
フィルターバブル 100
フィルタリング 67
不気味の谷 80
プライバシー 65
ブラックボックス 3
プラットフォーム型ビジネス 145
プラットフォーム事業者 147

プロダクトアウト 121
プロンプト 56
プロンプトエンジニアリング 56
分類 74

偏見 9

ボトムアップ 7

ま

マーケットイン 121
マッピング 32
マネジメント vi, 109
マルチモーダル 73

命令 110
メカニズム 21

モデリング viii, 44
モデリング言語 44
モデル 6, 43
問題解決 14

や

ユークリッド距離 102
ユーザビリティ viii, 27, 28, 39

予測 74

ら

リコメンデーション 101, 104
隣接中心性 132

■編著者一覧

森田純哉（担当：はじめに，おわりにを含む全章）

2006 年　名古屋大学大学院人間情報学研究科にて博士（学術）を取得．

現　　在　静岡大学情報学部行動情報学科教授

専　　門　認知科学，ヒューマンインタフェース，知能情報学

永吉実武（担当：11 章，12 章，13 章，14 章）

2010 年　東京工業大学大学院社会理工学研究科にて博士（学術）を取得．

現　　在　静岡大学情報学部行動情報学科教授

専　　門　経営学

金　鎭赫（担当：7 章）

2014 年　東京大学大学院教育学研究科にて博士（教育学）を取得．

現　　在　静岡大学情報学部行動情報学科准教授

専　　門　健康情報学

■著者一覧

遠藤正之（担当：14 章）

2015 年　慶應義塾大学大学院システムデザイン・マネジメント研究科にて博士（システム
デザイン・マネジメント学）を取得．

現　　在　静岡大学情報学部行動情報学科教授

専　　門　金融情報システム，FinTech，システムマネジメント

大島　純（担当：9 章）

1995 年　トロント大学大学院教育学研究科にて Ph.D を取得．

現　　在　静岡大学情報学部行動情報学科教授

専　　門　学習科学，教育工学

大島律子（担当：9 章）

2006 年　中京大学大学院情報科学研究科にて博士（認知科学）を取得．

現　　在　静岡大学情報学部行動情報学科教授

専　　門　学習科学

大本義正（担当：8 章）

2008 年　東京大学大学院総合文化研究科にて博士（学術）を取得．

現　　在　静岡大学情報学部行動情報学科准教授

専　　門　行動計測と分析，ヒューマン・エージェント・インタラクション，インタラクシ
ョンのモデル化

梶原千里（担当：12 章）

2013 年　早稲田大学大学院創造理工学研究科にて博士（経営工学）を取得．

現　　在　静岡大学情報学部行動情報学科准教授

専　　門　品質マネジメント，経営工学

狩野芳伸（担当：6章）

2011 年　東京大学大学院情報理工学系研究科にて博士（情報理工学）を取得.

現　在　静岡大学情報学部行動情報学科准教授

専　門　自然言語処理

後藤謙太郎（担当：14 章コラム）

2021 年　光産業創成大学院大学光産業創成研究科にて光産業創成博士を取得.

現　在　静岡大学情報学部行動情報学科助教

専　門　組織学習論, 組織変革論, 知識経営論, 事業開発論

荘司慶行（担当：10 章コラム）

2015 年　京都大学大学院情報学研究科にて博士（情報学）を取得.

現　在　静岡大学情報学部行動情報学科講師

専　門　情報アクセス技術, 情報検索, Web 情報学, ソーシャルコンピューティング

白井靖人（担当：7章）

1987 年　東京大学大学院理学系研究科にて理学修士を取得.

現　在　静岡大学情報学部行動情報学科教授

専　門　Web 情報学

高橋　晃（担当：6章）

1998 年　筑波大学大学院心理学研究科にて博士（学術）を取得.

現　在　静岡大学情報学部行動情報学科教授

専　門　認知心理学, ユーザビリティ, 脳科学

西村崇宏（担当：6章コラム）

2014 年　早稲田大学大学院人間科学研究科にて博士（人間科学）を取得.

現　在　静岡大学情報学部行動情報学科講師

専　門　人間工学, 感性工学, ユーザインタフェース, 視覚障害

福田直樹（担当：2章）

2002 年　名古屋工業大学大学院工学研究科にて博士（工学）を取得.

現　在　静岡大学情報学部行動情報学科教授

専　門　知能情報学, 知能システム, 人工知能と知識処理, エージェント技術, オークション応用

遊橋裕泰（担当：13 章）

2011 年　東京工業大学大学院社会理工学研究科にて博士（学術）を取得.

現　在　静岡大学情報学部行動情報学科教授

専　門　経営情報, マーケティング・経営戦略

李　皓（担当：10 章）

2004 年　京都大学大学院経済学研究科にて博士（経済学）を取得.

現　在　静岡大学情報学部行動情報学科教授

専　門　シミュレーション, ゲーミング, 少子化問題と人口推定, コンテンツ産業

行動情報学	編著者	森田純哉・永吉実武・金鎭赫
Behavior Informatics		©2025
	発行者	南條光章
	発行所	共立出版株式会社
		〒112-0006
		東京都文京区小日向 4-6-19
		電話　（03）3947-2511（代表）
		振替口座　00110-2-57035
		URL　www.kyoritsu-pub.co.jp
2025 年 4 月 10 日　初版 1 刷発行	印　刷	精興社
	製　本	ブロケード

一般社団法人
自然科学書協会
会員

検印廃止
NDC 007, 141.51
ISBN 978-4-320-12583-4　　Printed in Japan

JCOPY ＜出版者著作権管理機構委託出版物＞

本書の無断複製は著作権法上での例外を除き禁じられています．複製される場合は，そのつど事前に，出版者著作権管理機構（ＴＥＬ：03-5244-5088，ＦＡＸ：03-5244-5089，e-mail：info@jcopy.or.jp）の許諾を得てください．